MISTRZ

ANDY ANDREWS

MISTRZ

tłumaczenie
ADRIANA SOKOŁOWSKA-OSTAPKO

WYDAWNICTWO OTWARTE
KRAKÓW 2010

Projekt okładki: Mariusz Banachowicz

Fotografia walizki na okładce: © Sandra Cunningham / www.123rf.com

Inne elementy graficzne na okładce: z archiwum Mariusza Banachowicza

Opieka redakcyjna: Anna Małocha

Opracowanie typograficzne książki: Daniel Malak

Adiustacja: Edyta Wygonik-Barzyk / Agencja Wydawnicza MS

Korekta: Magdalena Mnikowska / Agencja Wydawnicza MS,
Marta Stęplewska / Agencja Wydawnicza MS

Łamanie: Agata Gruszczyńska / Agencja Wydawnicza MS

ISBN 978-83-7515-098-8 (obwoluta pomarańczowa)
ISBN 978-83-7515-176-3 (obwoluta niebieska)

www.otwarte.eu
Zamówienia: Dział Handlowy, ul. Kościuszki 37, 30-105 Kraków,
tel. (12) 61 99 569
Zapraszamy do księgarni internetowej Wydawnictwa Znak,
w której można kupić książki Wydawnictwa Otwartego: www.znak.com.pl

Dedykuję Polly...
mojej żonie i najlepszemu przyjacielowi, mojej miłości...
mojemu mistrzowi

I

Nazywał się Jones. A przynajmniej tak się do niego zwracałem. Nie „panie Jones"... Po prostu „Jones". On nazywał mnie młodzieńcem lub chłopcem. Rzadko słyszałem, żeby mówił do kogoś po imieniu. Zawsze tylko: „młodzieńcze" albo „młoda damo", „moje dziecko" albo „chłopcze".

Był stary, chociaż trudno mi określić nawet w przybliżeniu, ile mógł mieć lat. Sześćdziesiąt pięć, osiemdziesiąt czy sto osiemdziesiąt. Za każdym razem, kiedy go widziałem, taszczył ze sobą wysłużoną brązową walizkę.

Kiedy go poznałem, miałem dwadzieścia trzy lata. Wyciągnął do mnie rękę i z jakiegoś powodu ją chwyciłem. Kiedy teraz o tym myślę, już to wydarzenie urasta do rangi cudu. Biorąc pod uwagę okoliczności, w jakich się wtedy znajdowałem, równie dobrze mogłem uciec przed nim lub rzucić się na niego z pięściami.

Płakałem i chyba mnie usłyszał. Mój płacz w niczym nie przypominał stłumionego szlochu samotnego człowieka ani pojękiwań chorego na łożu boleści – mimo że czułem się i samotny, i obolały.

Brzmiało to raczej jak głośne zawodzenie, na które mężczyzna pozwala sobie tylko wtedy, gdy jest przekonany, że nikt go nie słyszy. Ja również byłem tego pewien i choć najwyraźniej się pomyliłem, miałem prawo tak myśleć. W końcu nie pierwszą noc spędzałem na plaży pod molo.

Mama umarła kilka lat wcześniej na raka. Najtragiczniejsze zdarzenie w moim niedługim wówczas życiu wkrótce przemieniło się w traumę za sprawą ojca, który zapomniał zapiąć pasy bezpieczeństwa i dołączył do swojej małżonki w zaświatach na skutek pozornie niegroźnego wypadku samochodowego.

W wyniku zamętu, jaki powstał w mojej głowie po „porzuceniu" przez rodziców (tak to wtedy nazywałem), podjąłem kilka nietrafionych decyzji, które w ciągu paru lat sprawiły, że wylądowałem na plaży bez domu, samochodu oraz środków finansowych umożliwiających mi zakup czegoś bardziej wartościowego niż para butów. Pracowałem dorywczo – zazwyczaj czyściłem ryby na przystaniach lub sprzedawałem turystom przynętę. Po pracy kąpałem się w morzu, a czasem pływałem w hotelowym basenie.

Kiedy było zimno, zawsze udawało mi się znaleźć otwarty garaż przy jednym z domków letniskowych rozrzuconych wzdłuż wybrzeża. Szybko się zorientowałem, że bogaci turyści (to znaczy ci, których stać na domek letniskowy) lubili wstawiać do garaży dodatkowe lodówki albo zamrażarki. Sprzęty te były nie tylko wspaniałym źródłem zaopatrzenia (głównie w przeterminowane wędliny i napoje), ale i ciepła – wystarczyło położyć się blisko wentylatora, który wydmuchiwał rozgrzane powietrze.

Jednak podczas cieplejszych nocy wolałem swój „dom" pod molo w parku stanowym Gulf. W miejscu, gdzie kończył się beton, a zaczynał piasek, wykopałem duży dół, gigantyczną jamę... Okazała się dość obszerna, niewidoczna dla innych i było w niej tak sucho, jak to możliwe na plaży. Zostawiałem w niej swoje rzeczy – sprzęt wędkarski, koszulki i spodenki – czasami nawet na kilkanaście dni, a gdy wracałem, nigdy niczego nie brakowało. Szczerze mówiąc, nie sądziłem, że ktoś wie o mojej kryjówce. Dlatego właśnie tak się zdumiałem, gdy pewnego razu, podniósłszy wzrok, zobaczyłem Jonesa.

– Podejdź do mnie, chłopcze – powiedział, wyciągając dłoń. – Chodź tu bliżej, do światła.

Wygramoliłem się z dołu, wspierając na podanej ręce, i stanąłem w kręgu łagodnej poświaty rzucanej przez lampy sodowe ustawione wzdłuż molo.

Jones nie był dużym mężczyzną – miał pewnie około metra osiemdziesięciu – ale nie był też mały. Siwe, trochę przydługie, ale starannie ułożone włosy zaczesywał gładko do tyłu. Jego oczy nawet w półmroku zdawały się lśnić niesamowitym blaskiem. Były jasne, kryształowo niebieskie i rozświetlały pooraną zmarszczkami twarz. Mimo że miał na sobie dżinsy, biały podkoszulek i skórzane japonki, wyglądał dostojnie – chociaż zdaję sobie sprawę z tego, że trudno tym słowem określić niewysokiego starszego mężczyznę stojącego nocą pod molo.

Skoro mówimy o wyglądzie Jonesa, muszę przyznać, że nie wiem, jaki miał kolor skóry. Nie jestem pewien, dlaczego w ogóle o tym wspominam, może tylko po to, żebyście mogli go sobie dobrze wyobrazić. Nigdy nie zdołałem ustalić, czy jego ogorzała cera była wynikiem genów, czy życia wiedzionego głównie pod gołym niebem. W każdym razie Jones miał brązową skórę. Tak jakby.

– Płaczesz z jakiegoś konkretnego powodu? – zapytał. – A może z czyjegoś powodu?

„Tak – pomyślałem. – Ja jestem tym konkretnym powodem".

– Chcesz mnie okraść? – zapytałem na głos. Było to dziwne pytanie. Kolejny dowód na to, jak ogromną nieufność żywiłem wtedy wobec wszystkiego i wszystkich.

Stary człowiek uniósł brwi. Zerknął poza mnie w ciemność, z której przed chwilą się wyłoniłem, i zachichotał.

– Okraść? Ciebie? Sam nie wiem... Masz może jakieś meble albo telewizor, których nie dostrzegłem?

Nie odpowiedziałem. Zdaje się, że zwiesiłem głowę. Jego żart wcale mnie nie rozśmieszył, ale on chyba zupełnie się tym nie przejął.

Dla rozładowania sytuacji dał mi kuksańca w ramię.

– Rozchmurz się, młodzieńcze – powiedział. – Po pierwsze jesteś ode mnie wyższy o dobre pół metra, więc nie zamierzam się rzucać na ciebie. A po drugie... posiadanie niewielu rzeczy ma swoje zalety. – Spojrzałem na niego, nic nie rozumiejąc. – Jesteś bezpieczny. Nie napadnę na ciebie ani ja, ani nikt inny. Nie masz nic, co można by ukraść! – Znów przerwał, a ja znów się nie uśmiechnąłem. Wręcz przeciwnie, robiłem się coraz bardziej zły.

Stary człowiek zmienił taktykę.

– Słuchaj, Andy, a jeśli obiecam, że nigdy na ciebie nie napadnę, poczęstujesz mnie colą z jednej z puszek, które tam sobie zachomikowałeś? – Wskazał dłonią na mój dół. Wlepiłem w niego oczy. – Tak? Nie? – dopytywał się. – Proszę!

– Skąd wiesz, jak mam na imię? – odezwałem się w końcu.

– Możesz mi mówić Jones.

– Dobrze. Skąd wiesz, jak mam na imię? I skąd możesz wiedzieć, czy zachomikowałem tam jakieś puszki?

– To nic wielkiego – wzruszył ramionami. – Obserwuję cię od dawna. Kręcę się po okolicy. A te puszki to zapewne łupy zdobyte podczas nocnych wypraw do garaży miejscowych bogaczy. To jak? Poczęstujesz mnie?

Przyglądałem mu się przez chwilę, rozważając w myślach jego słowa, po czym niespiesznie skinąłem głową i zanurkowałem w ciemność, by przynieść colę. Wróciłem z dwiema puszkami i jedną z nich wręczyłem staruszkowi.

– Niewstrząśnięta, mam nadzieję! – wyszczerzył zęby. Kiedy jednak zauważył, że nie zdobyłem się nawet na półuśmiech, westchnął. – Dobry Boże, ciężki z ciebie przypadek. – Otworzył z sykiem puszkę, usiadł na piasku i skrzyżował nogi. – No dobrze – powiedział, pociągając długi łyk coli. – Zacznijmy.

– Co mamy zacząć? – spytałem chłodno.

Jones odstawił puszkę na bok i rzekł:

– Musimy zacząć zauważać pewne rzeczy. Musimy zgłębić twoją duszę. I znaleźć odpowiednią perspektywę.

– Nie mam pojęcia, o czym gadasz – parsknąłem. – I nie mam pojęcia, kim ty w ogóle jesteś.

– Niech ci będzie – uśmiechnął się. – No dobrze… Jakby to powiedzieć? – Nachylił się w moją stronę. – Jeśli chodzi o mnie, mów mi Jones.

– To już słyszałem – przerwałem mu. – Chodzi mi o to…

– Tak, wiem, o co ci chodzi… Skąd się wziąłem i tak dalej. – Przytaknąłem. – Cóż, dziś wieczorem po prostu szedłem sobie wzdłuż plaży. – Westchnąłem i przewróciłem oczami. Staruszek,

chichocząc, uniósł obie ręce w udawanym proteście. – Chwilecz-
kę, momencik. Nie złość się na starego Jonesa… – Po czym już
ciszej dodał: – Dobrze?

Gdy po raz kolejny skinąłem głową, Jones ciągnął dalej:

– Jestem mistrzem w obserwowaniu – wyznał. – Taki mam dar.
Jedni potrafią pięknie śpiewać, drudzy szybko biegać, ja zaś potrafię zauważać rzeczy, których inni nie dostrzegają, mimo że większość z nich znajduje się na wyciągnięcie ręki. – Staruszek odchylił
się, oparł rękami o ziemię i zadarł głowę. – Widzę sytuacje i ludzi
z innej perspektywy. Tego właśnie brakuje większości osób: głębszego wglądu, szerszej perspektywy. Dlatego staram się ofiarować
im nowy punkt widzenia, który pozwala zatrzymać się, popatrzeć
na życie z boku i zacząć od nowa.

Przez kilka minut siedzieliśmy pogrążeni w ciszy, patrząc na
wody Zatoki Meksykańskiej. Czułem dziwny spokój w towarzystwie tego starszego pana, który leżał na boku z łokciem zagrzeba-
nym w piasku i głową opartą na dłoni. Po chwili mężczyzna znów
się odezwał – tym razem padło pytanie:

– Twoi rodzice odeszli?

– Skąd wiesz? – zdumiałem się.

Lekko wzruszył ramionami, tak jakby chciał powiedzieć: „Wszyscy o tym wiedzą", chociaż wcale tak nie było. Zaniepokoiło mnie,
że ktoś obcy posiada tyle informacji na mój temat, jednak prze-
zwyciężyłem swoją podejrzliwość i odpowiedziałem na pytanie:

– Tak, oboje umarli.

Starzec zacisnął usta.

– Cóż… to też tylko kwestia punktu widzenia. – Rzuciłem mu
pytające spojrzenie, a on wyjaśnił: – Zauważ, że istnieje spora

różnica pomiędzy kimś, kto umarł, a kimś, kto przeszedł do drugiego świata.

– Dla mnie nie ma żadnej – prychnąłem.

– Ponieważ to nie ty odszedłeś.

– Racja – powiedziałem z goryczą. – Ja tu zostałem, a raczej mnie zostawiono. – Czułem, że za chwilę się rozpłaczę, warknąłem więc ze złością: – I jaki jest twój punkt widzenia na to? Co?

– Jak myślisz, dlaczego się tu znalazłeś? – zapytał ostrożnie Jones. – W tej sytuacji… w tym miejscu.

– Z wyboru – sarknąłem. – Z powodu złych decyzji. Negatywnego nastawienia. – Utkwiłem w starcu twarde spojrzenie. – Widzisz? Znam odpowiedzi. Nie muszę ich od ciebie wysłuchiwać. To wszystko moja wina, tak? To właśnie przyszedłeś mi powiedzieć?

– Nie – odrzekł spokojnie mężczyzna. – Po prostu chciałem się dowiedzieć, jak ty to wszystko widzisz.

– W ogóle tego nie widzę! – podniosłem głos. – Przez całe życie słyszałem, że człowiek we wszystkim wypełnia wolę Boga. Więc taka ma być Jego wola? Żebym tkwił pod molo? – Zakląłem, po czym dorzuciłem: – A tak przy okazji, złapałem twoją aluzję, kiedy mówiłeś o różnicy między tymi, którzy umarli, a tymi, którzy przeszli do innego świata. Przesiedziałem w kościele więcej, niż potrzeba, i wiem, co próbujesz mi wcisnąć. Tyle tylko, że ja już tego nie kupuję.

– Nie ma sprawy – powiedział Jones pojednawczo. – Rozumiem, co do mnie mówisz, i domyślam się, dlaczego możesz się tak czuć. Ale wiesz co… Ja nie chcę ci niczego wciskać. Przyszedłem tylko po to, żeby…

– Żeby ofiarować mi perspektywę. Tak, to już też słyszałem.

Jones umilkł na chwilę, a ja zacząłem się zastanawiać, czy byłem wystarczająco opryskliwy, by zniechęcić go do dalszej rozmowy. Okazało się, że nie. Dałem mu pierwszą z wielu okazji, by zostawił mnie w spokoju i po prostu sobie poszedł, on z niej jednak nie skorzystał.

– Młodzieńcze? – zagadnął mnie, odgarniając kosmyk siwych włosów, który opadał mu na oko. – A co byś pomyślał, gdybym ci powiedział, że owszem, twoje złe wybory i decyzje przyczyniły się do tego, iż obecnie koczujesz pod molo, ale tak poza tym właśnie tu, a nie gdzie indziej, powinieneś się znajdować, po to żeby w przyszłości zdarzyło się coś, o czym teraz nie możesz mieć pojęcia?

– Nie rozumiem – wymamrotałem. – A nawet jakbym rozumiał, to pewnie bym nie uwierzył.

– Kiedyś zrozumiesz – odrzekł Jones. – Zaufaj mi. Zrozumiesz i uwierzysz. – Nagle uśmiechnął się i dodał: – Widzisz, chłopcze… większość ludzi zdaje się źle interpretować werset z Biblii, do którego nawiązałeś wcześniej. Dlaczego wszyscy uważają, że kiedy Bóg mówi: „Znalazłem […] człowieka po mojej myśli, który we wszystkim wypełni moją wolę"*, to znaczy, iż Jego wolą będzie umieścić tego człowieka na szczycie, w dużym domu albo na czele innych?

Posłuchaj, czy dobrze rozumuję… Każdy chce znaleźć się na szczycie, tak jakby nikt nie pamiętał, że szczyty górskie są skaliste. Strasznie tam zimno i nic nie rośnie. Oczywiście, widoki są wspaniałe, ale po co nam one? Widoki są tylko po to, żebyśmy mogli

---

* Dz 13, 22. Wszystkie cytaty biblijne za: *Pismo Święte Starego i Nowego Testamentu w przekładzie z języków oryginalnych*, oprac. zespół biblistów polskich z inicjatywy benedyktynów tynieckich, wyd. 5 na nowo oprac. i popr., Poznań 2002. (Wszystkie przypisy pochodzą od tłum.).

dojrzeć na horyzoncie cel dalszej podróży. Żeby jednak dotrzeć do celu, musimy zejść ze szczytu, pokonać dolinę i wspiąć się na następną górę. To właśnie w dolinie przedzieramy się przez bujną trawę i przemierzamy połacie żyznej ziemi, nabierając sił, by zmierzyć się z kolejnym szczytem.

Wniosek z mojego rozumowania wypływa zatem taki: znajdujesz się dokładnie w tym miejscu, w którym powinieneś. – Starzec złączył dłonie, nabrał pełne garście piasku i pozwolił, by ziarenka powoli przesypywały się między palcami. – Dla ciebie to może być zwykły piach, jałowa ziemia, chłopcze, ale rzeczywistość wygląda inaczej. Uwierz mi, miejsce, w którym dziś złożysz głowę do snu, to bardzo dobra gleba. Myśl, ucz się, módl, planuj, marz. A niedługo… staniesz się.

Szykując się do odejścia, Jones otworzył walizkę, uważając przy tym, żeby ukryć jej zawartość przed moim ciekawskim spojrzeniem. Wyjął trzy niewielkie książki w pomarańczowych sztywnych oprawach.

– Czytasz? – zapytał. Przytaknąłem skinieniem głowy, ale to mu nie wystarczyło. – Nie pytam, czy potrafisz czytać, ale czy lubisz.

– Tak – powtórzyłem. – Głównie czasopisma i takie tam, ale lubię.

– To dobrze – odrzekł Jones. – Przeczytaj je.

Spojrzałem na książki i w półmroku odszyfrowałem ich tytuły. Właściwie nie były to tytuły, ale nazwiska. *Winston Churchill. Will Rogers. George Washington Carver.* Zerknąłem na staruszka.

– Historyczne?

– Nie – odparł z błyskiem w oku – przygodowe! Sukcesy, porażki, romanse, intrygi, tragedie i zwycięstwa, a najwspanialsze jest to, że wszystko, co w nich napisano, to prawda! Pamiętaj, młodzieńcze, własne doświadczenia wcale nie są najlepszym nauczycielem. Najłatwiej się uczyć na doświadczeniach innych! Czytając historie życia wielkich ludzi, możesz odkryć ich tajemnicę i zrozumieć, co sprawiło, że stali się wielcy.

*

Całą noc czytałem *Winstona Churchilla*. Nowo zyskana świadomość, że ktoś przeżył jeszcze większe tragedie od moich i doświadczył jeszcze większych trudności, w dziwny sposób dodała mi otuchy. Nie umknęła mojej uwadze również druga część książki poświęcona niezwykłym sukcesom, które Churchill odniósł w późniejszym życiu.

Jones pożegnał się niedługo po tym, gdy zabrałem się do lektury. Ledwo zauważyłem jego odejście. Nad ranem jednak zrobiło mi się przykro, że nie byłem choć trochę sympatyczniejszy dla staruszka. Wstydziłem się swojego zachowania, czułem się zakłopotany, ale z drugiej strony wstąpiła we mnie nadzieja, której nie miałem zeszłego wieczoru. Do zmroku pochłonąłem *George'a Washingtona Carvera*, po czym padłem ze zmęczenia i spałem aż do rana.

Tego dnia poszedłem na przystań myć łodzie. Przez cały czas myślałem o tym, co przeczytałem, i rozglądałem się za Jonesem. Nigdzie go nie dostrzegłem. Okazało się jednak, że Gene, kierownik przystani, zna staruszka dość dobrze. Powiedział mi, że Jones od lat zjawia się w mieście co pewien czas.

– I wiesz co – Gene podrapał się w głowę – Jones był stary, kiedy ja jeszcze byłem chłopcem. A teraz mam pięćdziesiąt dwa lata.

Przeczytałem *Willa Rogersa* w ciągu jednej doby, ale dopiero kilka dni później spotkałem swojego nowego znajomego. Zarzucałem sieci w lagunie, usiłując nałapać krewetek i cefalów, które potem planowałem sprzedać jako przynętę, gdy staruszek nagle pojawił się za moimi plecami.

– Co dobrego słychać? – zapytał.

– Hej, Jones! – wykrzyknąłem. – Nie słyszałem, jak podchodzisz. Gdzie ty się podziewałeś? Przeczytałem już książki.

Zachichotał, wyczuwając w moim głosie niekłamany entuzjazm. (Prawdę mówiąc, ja sam byłem zdziwiony, że tak ucieszyłem się na jego widok).

– Powoli, powoli. Daj mi odpowiedzieć – uśmiechnął się. – Nie słyszałeś mnie, bo narobiłeś tyle hałasu, że nawet słoń mógłby cię zajść od tyłu. Pytasz, gdzie się podziewałem. Tu i tam, kilka razy nawet cię widziałem, ale nie chciałem zawracać głowy. I cieszę się, że skończyłeś książki. Podobały ci się?

– Tak – odrzekłem. – Naprawdę mi się podobały.

– To dobrze. Podejrzewałem, że sobie z nimi do dzisiaj poradzisz. Mam nadzieję, że się nie pogniewasz... Wstąpiłem po drodze do ciebie, żeby je zabrać, i zostawiłem ci trzy kolejne.

– Naprawdę? – zdziwiłem się. – Dzięki.

– Nie ma za co. Pożyczam je z biblioteki, ale wybieram tytuły specjalnie dla ciebie. – Jones wyciągnął rękę, w której trzymał walizkę i torebkę foliową. – Głodny? Przyniosłem lunch.

– Zawsze jestem głodny – powiedziałem. – Ostatnio jadam jeden posiłek dziennie, a przyrządzam go zazwyczaj w ten sam sposób, w jaki mama gotowała zupę „na winie".

– W takim razie wyskakuj z wody – zarządził staruszek. – Przygotowałem dla nas ucztę.

Ucztą Jones nazwał parówki i sardynki z puszki. Rzeczywiście byłem głodny, więc jadłem, ale bez szczególnego entuzjazmu, co mój bystry towarzysz oczywiście zauważył. Później zastanawiałem się, czy nie przyniósł tych frykasów właśnie po to, żeby sprawdzić moją reakcję.

Rozłożyliśmy się pod dębem na wysokiej wydmie. Przed nami rozciągała się piaszczysta żółta plaża, a za nią błękitne wody laguny. Ubrany byłem jedynie w obcięte dżinsy i stare tenisówki. Jones wciąż miał na sobie skórzane japonki, dżinsy i podkoszulek, a do tego na głowie niebieską bandanę, której intensywny kolor sprawiał, że oczy lśniły mu jeszcze bardziej. Nie dochodził do nas prawie żaden dźwięk poza szumem fal przyboju, niesionym przez chłodną bryzę, dzięki której letnia temperatura robiła się znośna.

– Co jesz? – zagadnął Jones, patrząc na mnie z uśmiechem.

Spojrzałem na niego zdziwiony, wytarłem usta wierzchem dłoni, po czym przełknąłem i zapytałem:

– Jak to co? Przecież wiesz. To samo co ty.

– Naprawdę? – staruszek zerknął na mnie chytrze. – Śmiem wątpić. No ale sprawdźmy… – Zajrzał mi prosto w oczy i powtórzył: – Co jesz? I gdzie jesz? – Widząc, że moje zdumienie rośnie z sekundy na sekundę, dodał łagodnie: – Nie bój się, to nie jest żaden podstęp, naprawdę chcę usłyszeć twoją odpowiedź.

– Cóż… – Uniosłem brwi i rozłożyłem ręce w geście całkowitego niezrozumienia. – Chyba…

– Żadne chyba – przerwał mi. – Mów, jak jest.

– Dobrze. Jem parówki i sardynki z puszki.

– Gdzie?

– Na plaży.

Jones uśmiechnął się.

– Tak myślałem. – Pokiwał głową, po czym powtórzył: – Tak właśnie myślałem. Przydadzą ci się te książki. I ja też ci się chyba na coś przydam.

– Jones – westchnąłem, kręcąc głową. – O czym ty mówisz?

– O twoim spojrzeniu, chłopcze. Chwilowo dość przymglonym, ale jestem pewien, że wkrótce uda nam się przetrzeć szlak prowadzący z głowy do serca, a stamtąd wybiegający w przyszłość.

Wywód staruszka porządnie mnie zirytował, ale i zaciekawił.

– Wciąż nie rozumiem – oznajmiłem.

Jones położył rękę na moim ramieniu i przytaknął:

– Wiem, że nie rozumiesz, i wcale mnie to nie dziwi. – Nachylił się ku mnie. – Ponieważ brak ci odpowiedniej perspektywy.

Roześmiał się głośno na widok mojej miny i powiedział:

– Młodzieńcze, widzisz jedynie piasek u swoich stóp i jedzenie, któremu daleko do przysmaków, na jakie miałbyś ochotę. Nie mówię tego, by robić ci wymówki… Nie jesteś osamotniony w swoim podejściu do świata. Większość ludzi podobnie jak ty pogardza sobą za to, kim są, co jedzą i jakimi samochodami jeżdżą. Wielu z nas nie pamięta o tym, że na świecie żyją miliony bliźnich, którzy nie mają tylu możliwości co my; którzy nie mają co jeść i nigdy nie będą posiadali żadnego samochodu.

Sytuacja, w której się znajdujesz, jest najeżona trudnościami, to prawda. Można z niej jednak wyciągnąć mnóstwo korzyści. – Jones przerwał, zamyślił się na chwilę, przymrużył oczy i podjął na nowo: – Warto, młodzieńcze, byś poznał jedno z praw rządzących wszechświatem, które przyda się zwłaszcza w twojej sytuacji. Pamiętaj: to, co pielęgnujemy, rośnie.

Zmarszczyłem brwi, usiłując zrozumieć słowa staruszka.

– Jeśli zwracasz szczególną uwagę na rzeczy, których „potrzebujesz", wzrastają twoje potrzeby. Jeśli skupiasz się na tym, czego nie posiadasz, wkrótce zaczniesz tęsknić za rzeczami, których braku wcześniej nie odczuwałeś. Będziesz czuł się coraz gorzej, bo jeśli pielęgnujesz straty, będziesz ich miał coraz więcej.

Z kolei postawa pełna wdzięczności przynosi szczęście i dostatek. – Jones zauważył moje wątpiące spojrzenie. Odłożył na bok konserwę i przesunął się tak, by siedzieć naprzeciwko mnie. – Pomyślmy przez chwilę: kiedy jesteśmy weseli i radośni, inni ludzie dobrze się czują w naszym towarzystwie i lubią z nami przebywać. Prawda?

– Chyba tak – odrzekłem niepewnie.

– Żadnych chyba – powiedział Jones stanowczo. – Kiedy jesteśmy radośni, inni ludzie lubią z nami przebywać. Tak czy nie?

– Tak.

– A skoro życiowe szanse, akceptacja i wsparcie pochodzą od otoczenia, co dzieje się z osobą, do której lgną inni ludzie?

Powoli zaczynałem rozumieć.

– Zyskuje jeszcze więcej szans, wsparcia i akceptacji? – zaryzykowałem.

– Zgadza się – potwierdził Jones. – A jak wygląda życie osoby, która ma i wsparcie, i akceptację otoczenia? – Już otwierałem usta, żeby odpowiedzieć, ale staruszek mnie ubiegł. – Taka osoba posiada wiarę we własne siły i samoakceptację, która pozwala jej wykorzystać podsuwane przez los szanse i prowadzi do sukcesu.

Widząc, że w moich oczach pojawiły się błysk zrozumienia oraz iskierka nadziei, Jones wycelował we mnie palec.

– Muszę cię jednak ostrzec – powiedział – że zasada ta działa w dwie strony. Jeśli jesteśmy pesymistami, nieustannie narzekającymi na siebie i wszystko dookoła, ludzie trzymają się od nas z daleka, prawda? – Przytaknąłem skinieniem głowy. – A wtedy otrzymujemy mniej szans, akceptacji i wsparcia, ponieważ nikt nie chce się z nami zadawać. Co zatem dzieje się z życiem takiej osoby?

– Z każdym dniem jest coraz gorzej – domyśliłem się.

Jones milczał przez chwilę, by dać mi czas na przełknięcie tej prawdy. Po chwili zaś przedstawił plan działania.

– W takim razie, co robić, żeby stać się osobą, do której garną się ludzie? Mam na to pewien pomysł… Codziennie zadawaj sobie pytanie: co takiego inni zmieniliby we mnie, gdyby mogli?

Zastanowiłem się przez moment i przedstawiłem nasuwającą mi się wątpliwość.

– Jones, a jeśli dojdę do tego, że inni chętnie zmieniliby we mnie coś, czego ja wcale nie chcę zmieniać?

Siwowłosy mężczyzna zachichotał, po czym odrzekł:

– Przede wszystkim pamiętaj, że pytanie nie dotyczy tego, czego ty chcesz. Pytamy o to, co inni zmieniliby w tobie.

Wyczuwając moje wahanie, staruszek wyjaśnił:

– Posłuchaj, chłopcze. Nie mówię, że masz przez całe życie oglądać się na to, co ludzie powiedzą lub pomyślą o tobie. Chodzi mi tylko o to, że jeśli chcesz mieć wpływ na innych – jeśli chcesz, żeby wierzyli w to, w co ty wierzysz, albo kupowali to, co masz do sprzedania – musisz sprawić, żeby czuli się dobrze w twoim towarzystwie. Udane życie w dużej mierze zależy od odpowiedniej perspektywy. A to, w jaki sposób postrzegają cię inni, może być równie ważne jak to, w jaki sposób ty postrzegasz siebie.

Przez kilka minut siedzieliśmy w milczeniu, zapatrzeni w szybujące nad wodą mewy i zasłuchani w szum fal uderzających o brzeg. Wreszcie Jones ruszył się, by pozbierać puste puszki i włożyć je z powrotem do torebki. Kiedy skończył, podniósł się, wyciągnął rękę i pomógł mi wstać.

– A tak w ogóle, to gdy ty jadłeś na plaży sardynki z puszki – wyszczerzył zęby w uśmiechu – ja raczyłem się daniem mięsno-rybnym w malowniczym zakątku, z którego roztacza się cudowny widok na ocean. – Klepnął mnie po plecach. – To wszystko kwestia punktu widzenia.

*

Kiedy późnym popołudniem dowlokłem się pod molo, na skrzynce, w której trzymałem sprzęt wędkarski, znalazłem trzy kolejne książki w pomarańczowych okładkach. Znów były to biografie: Joanny d'Arc, Abrahama Lincolna i Viktora Frankla. Na początku sięgnąłem po ostatnią, ponieważ nazwisko jej bohatera nic mi nie mówiło. Książka miała podtytuł: *Ludzkie poszukiwanie sensu*. Z opisu zamieszczonego na tyle okładki dowiedziałem się, że Viktor Frankl był austriackim psychiatrą, który przeżył pobyt w kilku obozach koncentracyjnych podczas drugiej wojny światowej. Jego żona, ojciec i matka zostali zamordowani.

„To wszystko kwestia punktu widzenia" – słowa Jonesa wciąż rozbrzmiewały mi w głowie.

Spomiędzy kartek wystawał papierek. Kiedy go wyjąłem, okazało się, że była to serwetka, na której Jones napisał:

Młodzieńcze!
Przeczytaj ją jako pierwszą. Jestem z ciebie dumny.

Jones

Włożyłem serwetkę z powrotem do książki i poczułem, że do oczu napływają mi łzy. Minęło tyle lat od momentu, kiedy ktoś mi powiedział, że jest ze mnie dumny.

*

Pamiętam dokładnie następne trzy książki od Jonesa: *Harry Truman*, *Florence Nightingale* i *Król Dawid*. Potem były: *Harriet Tubman*, *Królowa Elżbieta I* i *John Adams*, a po nich *Eleanor Roosevelt*, *Mark Twain* i *Joshua Chamberlain*. W książce o Chamberlainie znalazłem liścik. Jones prosił mnie, żebym oddał trzy ostatnie biografie do biblioteki. Zrobiłem, jak kazał, a przy okazji wypożyczyłem życiorysy George'a Washingtona, Anny Frank i Krzysztofa Kolumba.

Wkrótce zorientowałem się, że mój znajomy zniknął.

Szukałem go przez wiele tygodni, na każdym kroku znajdując ślady jego obecności. Staruszek ustalił z Nancy, właścicielką znajdującej się na plaży restauracji Sea N Suds, że będzie smażyła dla mnie ryby, które przyniosę. W przygotowaną specjalnie ofertę wliczono kukurydziane ciasteczka i mrożoną herbatę. Za wszystko płaciłem dolara.

Kapitanowie łodzi czarterowych zaczęli częściej zlecać mi mycie pokładu i czyszczenie ryb złowionych przez klientów. Przy każdej okazji w rozmowie padało nazwisko staruszka.

Brent Burns, piosenkarz i kompozytor występujący w hotelu Holiday Inn, pewnego dnia powiedział mi, że Jones wspominał mu o mojej osobie. Staruszek miał mnie przedstawić jako człowieka obdarzonego sporym poczuciem humoru i ponoć pytał, czy istniałaby możliwość, żebym w trakcie przerw w występach piosenkarza zabawiał publiczność. Brent chciał wiedzieć, czy byłbym taką ofertą zainteresowany. Byłem. I chociaż mój program kabaretowy pozostawiał wiele do życzenia, Brent śmiał się z opowiadanych przeze mnie dowcipów kilka razy w tygodniu, zachęcając do dalszej pracy.

*

Kolejnych lat nie pamiętam zbyt szczegółowo. Wciąż czytałem biografie, chociaż już nie pod molo. Dzięki postaciom takim jak generał George Patton, Maria Skłodowska-Curie, Jozue, Kaleb, Harriet Beecher Stowe, Aleksander Wielki, Booker T. Washington, Daniel Boone i dwustu innym, moje życie ruszyło do przodu.

W pewnym momencie, po zapoznaniu się z życiorysem którejś z kolei znaczącej, zamożnej i odnoszącej sukcesy osoby, doznałem olśnienia. Uświadomiłem sobie, że udało mi się opracować schemat złożony z siedmiu cech łączących wszystkie wielkie osobistości – odnaleźć siedem zasad, którym wszystkie one podlegały. Zacząłem się zastanawiać, co by było, gdybym wprowadził te reguły do swojego życia. Przecież, myślałem, zasady mają to do siebie, że działają za każdym razem, niezależnie od tego, czy je rozumiemy, czy też nie. Prawo grawitacji istniało na długo zanim jabłko spadło Newtonowi na głowę… Jednak dopiero wtedy gdy do tego doszło, sir Izaak pojął i opisał wszechobecną regułę, a społeczność ludzka mogła swobodnie wykorzystywać ją do swoich celów, budując samoloty, wiszące mosty i mnóstwo innych rzeczy.

Im dłużej rozważałem to zagadnienie, tym większej nabierałem pewności, że zasady kierujące sukcesem osobistym, owocujące stworzeniem udanego związku i dobrych relacji z dziećmi oraz zabezpieczeniem finansowym nie różnią się niczym od prawa grawitacji. Działają zawsze, niezależnie od tego, czy je znamy, czy nie. Dlaczego więc nie miałbym na nich polegać i nie zastosować ich w swoim życiu, by zbudować przyszłość, jaką Bóg mi przeznaczył? Jak pomyślałem, tak zrobiłem.

W efekcie mój obecny los, życie mojej rodziny i każdy sukces, który przypadł mi w udziale, są bezpośrednimi rezultatami działania siedmiu prostych zasad. Kilka lat temu spisałem owe zasady w książce, która stała się bestsellerem „New York Timesa" i została przetłumaczona na ponad dwadzieścia języków. Z *Siedmiu darów* korzystają firmy, drużyny sportowe, rządy i zwykli ludzie na całym świecie. Jest to opowieść o rodzinie przechodzącej trudny okres. Ojciec rodziny, Dawid Ponder, podróżuje w czasie i spotyka się z siedmioma postaciami historycznymi również doświadczającymi na swojej drodze trudności i tragedii. Każda napotkana osoba – między innymi Harry Truman, Anna Frank, Abraham Lincoln, król Salomon i Krzysztof Kolumb – zdradza Dawidowi jedną zasadę, którą ma on wcielić w życie. Bohater stosuje się do ich zaleceń i dzięki temu odmienia swój los.

*

Jeśli więc słyszeliście kiedyś mój wykład lub czytaliście napisaną przeze mnie książkę i zastanawialiście się, jak doszło do tego, że przeczytałem ponad dwieście biografii, których lektura pozwoliła mi odkryć siedem zasad – teraz już wiecie. Stało się tak dzięki staruszkowi o nazwisku Jones, który z zainteresowaniem (lub z litością) spojrzał na młodzieńca przechodzącego w swoim życiu ciężką próbę.

Od prawie dwudziestu pięciu lat codziennie myślę o Jonesie. Miałem nadzieję, że pojawi się na moim ślubie. Chciałem, żeby usiadł w pierwszym rzędzie – tam gdzie powinien siedzieć mój ojciec. Kiedy rodzili się moi synowie, wychodziłem nad ranem przed szpital i czekałem w półmroku na staruszka, który podejdzie z uśmiechem, by dodać mi otuchy i wiary w to, że podołam nowej roli – roli ojca. Wiele razy niczego nie pragnąłem bardziej, niż spędzić choćby godzinę w towarzystwie Jonesa. On się jednak nie pojawiał.

Aż do zeszłego tygodnia.

II

Prawdę mówiąc, przez ostatnie dwadzieścia lat za każdym razem, gdy widziałem siwowłosego starszego mężczyznę, przyglądałem mu się z uwagą i nadzieją, ale zawsze spotykał mnie zawód. Próbowałem sam siebie przekonać, że to nie ma sensu... Przecież już wtedy, gdy spotkałem Jonesa pod molo, miał on swoje lata... W końcu uwierzyłem we własne domysły i stwierdziłem, że staruszek nie żyje.

W zeszły czwartek, kilka minut po dwunastej, siedziałem w Sea N Suds – tej samej restauracji, w której kiedyś stołowałem się za dolara. Właścicielką knajpki wciąż jest Nancy i wciąż chodzę tam na lunch, chociaż od dłuższego czasu płacę tak samo jak pozostali goście. Jadłem kanapkę z krewetkami przy bufecie i przekomarzałem się z Williem, który wyjmował ostrygi ze skorupy, kiedy podeszła do mnie Nancy.

– Cześć, Nancy – przywitałem się.

– Cześć – odpowiedziała z uśmiechem. – Czy Willie ci dokucza?

– Tak – roześmiałem się. – Jak zwykle.

– Licz się ze słowami! – zagroził Willie, otwierając kolejną ostrygę, by wyłuskać ją na talerz. – Lepiej bądź dla mnie miły. W kolejce do tego stołka znajduje się wiele innych uprzejmych osób.

Roześmialiśmy się wszyscy, ale kiedy się rozejrzałem, zobaczyłem, że kucharz miał rację. Niedawno rozpoczęły się ferie wiosenne, a dla miasteczka Gulf Shores oznaczało to napływ turystów. Restauracyjka z widokiem na ocean była zatłoczona, a na piasku przed nią koczowały grupki ludzi czekających, by zwolnił się jakiś stolik lub miejsce przy barze.

– Miło znów spotkać twojego znajomego – powiedziała Nancy. – Masz ochotę na mrożoną herbatę?

– Tak, poproszę – odrzekłem, podsuwając jej plastikowy kubek. – Jakiego znajomego? Kogo spotkałaś?

– Jonesa – oznajmiła, wskazując głową za mnie. – Przyszedł kilka minut temu z Jan i Barrym Hansonami. – Nancy musiała zauważyć, jak bardzo mnie ta wiadomość poruszyła. Może nawet dojrzała wilgotne lśnienie w moich oczach, gdy zacząłem gorączkowo rozglądać się po sali, ponieważ pospieszyła z niezgrabnymi przeprosinami: – Przepraszam, że nie powiedziałam ci o tym wcześniej... On pewnie też cię nie widział... Siedzisz plecami do drzwi... Po prostu myślałam, że jesteście tu, no wiesz... razem.

Zauważyłem go przy stoliku pod oknem. Siedział tyłem do mnie, ale nie dało się pomylić jego siwych włosów i brązowej walizki z niczym innym. To był Jones. Z trudem się powstrzymałem, by nie wykrzyknąć na cały głos jego imienia i nie podbiec do niego, przepychając się między stolikami.

– Kiedy on tu ostatnio był? – zastanawiała się Nancy. – Wydaje się, że wieki temu, a mimo to nic się nie zmienił.

Rzeczywiście, wyglądał zupełnie tak samo jak przed laty. Miał może nieco krótsze włosy, ale jak zwykle starannie uczesane. Nawet dżinsy i skórzane japonki przypominały te sprzed ponad dwudziestu lat, chociaż oczywiście nie mogły być to te same spodnie i klapki.

Powoli utorowałem sobie drogę do stolika, przy którym siedział Jones, zachodząc go z boku. Mimo wszystko wolałem przyjrzeć mu się z bliska i upewnić, czy to naprawdę on, ponieważ ciągle nie mogłem w to uwierzyć. Hansonowie, także moi znajomi, zobaczyli mnie pierwsi i Barry wstał, żeby się ze mną przywitać. Widać było, że zmierzam w kierunku ich stolika i Barry pewnie myślał, że chcę z nim zamienić kilka słów. Przy innej okazji zapewne bym tak zrobił, jednak tym razem byłem w stanie dość głębokiego szoku.

Podszedłem bliżej i w ogólnej wrzawie skierowałem ciche pytanie do staruszka:

– Jones? – Mężczyzna obrócił się i uśmiechnął. – O rany – westchnąłem, padając na kolana, żeby go uściskać, zanim jeszcze zdążył podźwignąć się z krzesła. – Nie mogę uwierzyć, że to ty. Gdzieś ty się podziewał? Myślałem już, że nie żyjesz… Jestem taki… Słuchaj, mam żonę i dwóch synów…

– Wiem, wszystko wiem – powiedział, odwzajemniając uścisk. – Powoli. Mamy mnóstwo czasu na rozmowę. – Nagle zrobiło mi się głupio, ponieważ zorientowałem się, że wszyscy na nas patrzą. Nawet Hansonowie wydawali się dziwnie zmieszani, chociaż odniosłem wrażenie, że to nie ja byłem powodem tego napięcia.

– Znacie się? – spytała Jan.

Biorąc pod uwagę całe zajście, nie było to najmądrzejsze pytanie, ale czułem, że nie na miejscu byłoby teraz dzielić się moim spostrzeżeniem z Jan. Normalnie powiedziałbym zapewne, że witam się tak z każdym napotkanym staruszkiem, jednak tym razem postanowiłem poskromić swój sarkazm i wydusiłem krótkie:

– Tak. – Po czym dodałem: – Jones jest jedną z osób, które przyczyniły się do mojego...

– Poznałem Andy'ego, kiedy był znacznie młodszy niż teraz – przerwał mi Jones stanowczo, ale w jego głosie słyszałem niekłamaną radość. Zachichotał i zwrócił się wprost do mnie: – Byłeś wtedy także znacznie chudszy.

– To prawda – odrzekłem. – Obecnie jadam trochę bardziej regularnie.

– I smacznie? – zapytał, a w jego oczach zapaliły się iskierki.

– Same dania mięsno-rybne w malowniczych zakątkach z widokiem na ocean.

– To dobrze – uśmiechnął się, po czym chwycił mnie za rękę i delikatnie uścisnął. – Możemy spotkać się i porozmawiać za chwilę?

Nagle zauważyłem, że Jan i Barry siedzą jak na szpilkach, chociaż za nic w świecie nie potrafiłbym powiedzieć dlaczego.

– Jasne, nie ma sprawy – odpowiedziałem. – Mam poczekać na zewnątrz czy...? – Rozłożyłem ręce, czekając na jego propozycję.

– Zróbmy tak... – zastanowił się Jones. – Dokończę rozmowę ze swoimi nowymi przyjaciółmi, a potem, za parę godzin, spotkajmy się przy molo, ale tym razem na górze, dobrze? – Uśmiechnął się do mnie. – Zdaje się, że właśnie przymusiłem tych oto dobrych ludzi, żeby mnie tam podrzucili... A może dadzą się namówić na krótki spacer.

Molo parku stanowego Gulf, mój dawny dom, znajdowało się zaledwie w odległości półtora kilometra od Sea N Suds i nawet było je widać z okien restauracji.

– W porządku – przytaknąłem. – Do zobaczenia za parę godzin.

Kiedy żegnałem się z Hansonami, znów zauważyłem, że obydwoje (a zwłaszcza Barry) wyglądali, jakby mieli za chwilę rzucić się do ucieczki. Czy Jones nazwał ich swoimi nowymi przyjaciółmi? O co tu chodziło?

*

Czterdzieści pięć minut wcześniej oszołomiony Barry Hanson wyszedł z kancelarii adwokackiej. Po dwudziestu jeden latach małżeństwa Jan wniosła pozew o rozwód. Utrzymywała przy tym, że wciąż kocha męża, ale przestał jej odpowiadać ich związek. Powiedziała, że nie czuje się kochana.

Barry był prezesem miejscowego oddziału największego banku stanowego. Dobrze zarabiał, mądrze inwestował i chociaż nie można powiedzieć, że dorobił się wielkiego majątku, jego rodzina nie miała długów i żyła w dostatku. Barry był także aktywnym członkiem kilku ruchów obywatelskich i zasiadał w dwóch komitetach utworzonych przy kościele, do którego należał. Mówiono o nim dobrze również jako o ojcu dwójki dzieci: czternastoletniej Elizabeth i dziesięcioletniego Jareda.

Jan przestała pracować w szkole, gdy urodził się Jared. Skupiła się na mężu, wychowywaniu dzieci oraz na działalności charytatywnej na rzecz lokalnej społeczności. Była szczupła, miała ciemne krótko przystrzyżone włosy i była jedną z najbardziej lubianych mieszkanek Orange Beach. Śpiewała też w miejscowym chórze Coastal Chorale, który cieszył się sporym uznaniem.

Jan i Barry byli rówieśnikami – mieli po czterdzieści trzy lata – i chociaż studiowali na tym samym uniwersytecie, poznali się dopiero dwa lata po ukończeniu studiów na ślubie wspólnego znajomego. Zakochani do szaleństwa, nie mogli sobie wyobrazić godziny (nie wspominając już o całym życiu) bez siebie, pobrali się po niecałym roku znajomości.

Barry nie miał pojęcia, co i kiedy zaczęło się psuć. Od początku kochał Jan, chociaż czasami drażniła go, ponieważ nie traktowała jego wyznań poważnie. Za każdym razem, gdy mówił: „Kocham cię" lub: „Jesteś piękna", oczy Jan zwężały się, wyrażając niedowierzanie, lub rozszerzały ze zdziwienia. Nie okazywał tego, ale momentami jej reakcje doprowadzały go do szału. Mimo to naprawdę ją kochał. A teraz nagle rozwód? Nie mógł w to uwierzyć.

*

Zbliżało się południe. Jan krążyła po domu, nie wiedząc, do czego się zabrać, i cały czas spoglądała na zegarek. Umówiła się z Barrym na lunch, być może po raz ostatni. Nie, to nieprawda, poprawiła się w myślach, trzeba będzie jeszcze omówić sprawę dzieci. Powiedziała mężowi, że chce rozwodu dwa dni wcześniej i od tamtej pory żadne z nich nie zmrużyło oka w nocy.

Jan w końcu wzięła torebkę i klucze, po czym wyszła na werandę i zamknęła za sobą drzwi. Kiedy schodziła po schodkach, zwolniła – prawie się zatrzymała – i pokręciła głową, widząc przerośnięty krzak ostrokrzewu, który jeszcze chwila, a zupełnie zatarasuje chodnik. Otarła łzy gromadzące się w kącikach oczu, zacisnęła zęby i zdecydowanym krokiem ruszyła w kierunku samochodu. Minął rok, okrągły rok, odkąd poprosiła męża, żeby zajął się tym krzakiem. I co? Oczywiście go nie przyciął. Tak samo jak nie naprawił tylnych drzwi ani nie pomalował wiaty, o co również bezskutecznie zabiegała od dłuższego czasu.

Wsiadła do samochodu, wycofała na ulicę, wrzuciła pierwszy bieg i nacisnęła gaz. Zaraz jednak musiała gwałtownie zahamować. Na drodze przed nią stał starszy mężczyzna. Nie potrąciła go, nawet nie podjechała zbyt blisko, ale i tak mocno się przestraszyła.

Rozpoznała Jonesa, staruszka, który, z tego co zdążyła się zorientować, co jakiś czas pojawiał się w mieście. Ostatnio widywała go u Shearsonów, a zeszłego wieczoru zauważyła, że spaceruje ich ulicą. Jan nigdy nie zamieniła z tym mężczyzną ani słowa, ale znała kilka osób, które z nim rozmawiały. I wszyscy wyrażali się o nim bardzo ciepło.

– Przepraszam – powiedział Jones, podchodząc do samochodu. – Nie chciałem cię wystraszyć. Machałem do ciebie, kiedy cofałaś.

– Ojej – odetchnęła Jan, odzyskując głos. – Ja również przepraszam. Nie koncentrowałam się zbytnio na jeździe. Myślałam… Po prostu byłam myślami gdzie indziej. Ma pan do mnie jakąś sprawę?

– Tak – uśmiechnął się staruszek. – Jedziesz może w kierunku plaży? – Jan niepewnie przytaknęła, a mężczyzna ciągnął dalej:

– Nie chciałbym się narzucać, ale może mogłabyś mnie podrzucić? Umówiłem się na lunch i zdaje się, że jestem już trochę spóźniony. – Przerwał, a widząc niezdecydowanie kobiety, uśmiechnął się jeszcze szerzej i dodał: – Proszę!

Jan nie miała w zwyczaju podwozić nieznajomych, ale z niewiadomych powodów ten właśnie staruszek wydał się jej godny zaufania.

– Dobrze – odrzekła, zastanawiając się odruchowo, co powiedziałby na to Barry. Szybko jednak przywołała się do porządku, przypominając sobie, że to, co mógłby powiedzieć Barry, przestało ją już obchodzić. – Proszę wsiadać. Otworzyć bagażnik na walizkę?

– Nie trzeba – powiedział Jones, sadowiąc się na miejscu pasażera. – Jest mała. Potrzymam ją na kolanach. Do restauracji mamy tylko kilka minut. Umówiłem się w Sea N Suds, będziesz przejeżdżała gdzieś w pobliżu?

Jan próbowała się uśmiechnąć, ale zamiast tego skrzywiła się tylko.

– Właściwie ja też tam jadę – rzuciła krótko.

– To świetnie, naprawdę świetnie! – zawołał Jones wesoło. – W takim razie nie przysparzam zbytniego kłopotu. Mam się tam spotkać z najlepszym przyjacielem.

Jan chrząknęła w odpowiedzi, ale czując, że mimo wszystko wypada coś powiedzieć, zapytała:

– Pan Jones, prawda?

– Żaden pan – zaprotestował staruszek. – Po prostu Jones. A ty jesteś Jan Hanson, prawda?

– Tak – Jan przytaknęła skinieniem głowy i uniosła brwi. – To ja. Spotkaliśmy się już wcześniej?

– Nie – zachichotał Jones – nie znamy się osobiście, ale jesteś żoną Barry'ego Hansona, mojego najlepszego przyjaciela.

Jan nie odezwała się. W milczeniu zaparkowała samochód przed restauracją, nie mogąc wyjść ze zdumienia. „Co? Ten staruszek jest przyjacielem Barry'ego? Nigdy nie słyszałam, żeby Barry coś o nim mówił. I dlaczego, do cholery, zaprosił go dzisiaj na lunch… dzisiaj, właśnie dzisiaj!?"

Barry czekał przy stoliku w rogu sali, kiedy Jan i Jones stanęli w drzwiach. Szybko zorientował się, że obydwoje podchodzą do jego stolika. „O co tu chodzi? – myślał Barry gorączkowo. – Kolejna niespodzianka Jan. Przyprowadziła kogoś na lunch. To chyba ten Jones, który kręci się po okolicy. Nie wierzę. Nie mam dziś nastroju…"

Wstał, gdy Jan i Jones się zbliżyli, ale całe powitanie przebiegło dość dziwnie – małżeństwo na progu rozwodu i nieznajomy starszy mężczyzna, który udaje, że został zaproszony przez nich na lunch.

Zamówili kraby, kanapki z ostrygami oraz mrożoną herbatę. Jones wydawał się radosny i zadowolony, natomiast Jan i Barry, każde czekając na wyjaśnienia od współmałżonka, silili się na rozmowę towarzyską, ale nie bardzo im to wychodziło. Właśnie wtedy im przerwałem.

Kiedy znów zostawiłem ich samych, Barry spojrzał na siedzącą obok niego Jan i uśmiechniętego naprzeciwko Jonesa, po czym powiedział:

– Nie chcę być nieuprzejmy, ale może wyjaśnisz mi, co tu się właściwie dzieje?

– Ja? To przecież twój przyjaciel – odpaliła Jan. – Więc może ty mi coś wyjaśnisz?

– Kto niby ma być moim przyjacielem?

– On! – zawołała Jan, wskazując Jonesa.

– Co ty wygadujesz? – Barry również z trudem panował nad sobą, gubiąc się w całej sytuacji i złoszcząc coraz bardziej. – W życiu nie zamieniłem z tym człowiekiem choćby słowa.

– To nie do końca prawda – odezwał się w końcu Jones. – Raz skinąłeś mi głową w supermarkecie, a potem widywaliśmy się jeszcze w kościele i mówiłeś mi „dzień dobry".

Hansonowie patrzyli na staruszka z niedowierzaniem, zastanawiając się, dlaczego, jeśli w ogóle, ich oszukał.

– Jak by nie było – ciągnął Jones – wciąż śmiem twierdzić, że jestem waszym najlepszym przyjacielem. Zapewne istnieją osoby, które znacie dłużej ode mnie… Pewnie całkiem sporo jest tych, których lubicie bardziej niż mnie… Jednak w obecnej chwili – Jones pokręcił głową – żadna z nich nie jest lepszym przyjacielem ode mnie.

Małżeństwo siedziało jak zahipnotyzowane, w milczeniu słuchając wywodu siwowłosego mężczyzny, który wgryzł się w szczypce kraba, po czym przeżuwając delikatne mięso, rzekł:

– Większość ludzi sądzi, że najlepszy przyjaciel to ktoś, kto akceptuje nas takimi, jacy jesteśmy. Niestety to dość niebezpieczne przekonanie – Jones westchnął. – Chłopak, który pracuje w miejscowym fast-foodzie, również w pełni nas akceptuje, ale tylko dlatego że tak naprawdę w ogóle go nie obchodzimy. Prawdziwy

36

przyjaciel pragnie, byśmy w pełni rozwinęli własny potencjał. Prawdziwy przyjaciel stara się ujawnić nasze najlepsze cechy. – Jones nachylił się nad stolikiem i ściszył głos, jak gdyby powierzał swoim rozmówcom pilnie strzeżony sekret. – Najlepszy przyjaciel – szepnął – zawsze będzie mówił wam prawdę... Mądry przyjaciel pokaże wam inny punkt widzenia.

– Czego właściwie od nas oczekujesz? – zapytał ostrożnie Barry.

– Niczego wielkiego – uśmiechnął się staruszek. – Chciałbym jedynie, żebyście odpowiedzieli na kilka pytań i sami sprawdzili, czy to, o czym przed chwilą mówiłem, jest prawdą.

Jan i Barry spojrzeli na siebie, ale zanim zdążyli cokolwiek powiedzieć, Jones znów zabrał głos.

– No dobrze. Zaczniemy od problemów w waszym małżeństwie.

Jan otworzyła usta ze zdumienia, Barry zaś utkwił wzrok w siwowłosym mężczyźnie i zapytał oschle:

– Skąd wiesz, że mamy problemy?

– Wszyscy o tym wiedzą – Jones wzruszył ramionami.

Informacja ta poraziła Hansonów.

– Jak to? – wydukał po dłuższej chwili Barry. – Skąd wiedzą?

Jones uśmiechnął się łagodnie.

– To dość oczywiste. Jesteście małżeństwem. Każde małżeństwo napotyka na swojej drodze problemy.

Jan i Barry milczeli, nie wiedząc, co powiedzieć. Rozumowanie staruszka okazało się tak proste, że trudno było z nim polemizować. Jan mimowolnie uśmiechnęła się na tę myśl, po czym spojrzała na Jonesa.

– Do czego zmierzasz? – odezwała się wreszcie.

– Cóż – staruszek wyglądał tak, jakby z trudem powstrzymywał się od śmiechu. – Właściwie nie zmierzam jeszcze do niczego konkretnego, ale jeśli koniecznie mam już w tym momencie wygłosić jakąś złotą myśl, to zapewne najbardziej odpowiednia byłaby ta o wszechobecności kryzysu: wszyscy albo właśnie przechodzimy kryzys, albo dopiero co z niego wyszliśmy, albo też nieuchronnie do niego zmierzamy. Małżeństwa nie stanowią tu wyjątku. Chciałbym również zaznaczyć, że nigdy nie jest tak źle, jak nam się zdaje. Nigdy! W rzeczywistości wasza obecna sytuacja nie różni się zbytnio od sytuacji, w jakiej znajdują się miliardy innych par małżeńskich. Jak zwykle jednak brak wam odpowiedniej perspektywy.

– Już wcześniej mówiłeś o zmianie punktu widzenia – zauważył przytomnie Barry. – O co w tym chodzi?

Jones zamyślił się na chwilę, spojrzał na Hansonów, po czym zwrócił się do Jan:

– Młoda damo – zaczął – czy twój tata był dobrym mężem dla twojej mamy?

Jan zmarszczyła brwi.

– To nie ma nic wspólnego z…

– Proszę. – Staruszek uniósł rękę. – Czy mogłabyś mimo wszystko odpowiedzieć mi na to pytanie? – Po chwili wahania Jan skinęła głową. – Czy zatem twój tata był dobrym mężem dla twojej mamy? – powtórzył Jones.

– Tak, myślę, że tak.

– Czy ją kochał?

– Tak.

– A jak jej okazywał swoją miłość?

Jan ponownie zmarszczyła brwi.

– Cóż… – odezwała się niepewnie. – Robił dla niej różne rzeczy.

– Jakie? – dopytywał się Jones.

– No wiesz… Od czasu do czasu zmywał naczynia. Wykonywał naprawy, kiedy coś się w domu zepsuło. – Jan spojrzała z ukosa na Barry'ego, po czym zacisnęła szczęki i dorzuciła: – Czasami nawet przycinał krzaki przy ganku, żeby dom ładnie wyglądał.

Jones również zerknął na Barry'ego, ale nie uśmiechnął się i wcale go nie zdziwiło, że mąż najwyraźniej nie zrozumiał aluzji żony.

– Młoda damo, w jaki sposób traktował cię ten młodzieniec – staruszek ruchem głowy wskazał Barry'ego – w okresie narzeczeństwa? Interesuje mnie przede wszystkim to, w jaki sposób wyrażał swoją miłość do ciebie?

Pytanie Jonesa zdawało się przerwać tamę.

– Było tak cudownie! – Z ust Jan popłynął potok słów. – Barry często przychodził do mnie i gotował coś pysznego. Kiedy jedliśmy w domu, zawsze pomagał mi zmywać naczynia. Reperował popsute rzeczy, zupełnie jak tata. A raz, kiedy moi rodzice wyjechali na dłużej, skosił im trawnik! To oczywiście nie wszystko, Barry robił tyle wspaniałych rzeczy… – Nagle Jan skrzywiła się, a jej usta zaczęły drżeć. – Ale to było dawno temu, kiedy jeszcze mnie kochał… – Kobieta nie starała się nawet stłumić szlochu. – On nie rozumie…

Barry przymknął powieki i pokręcił głową.

– Jan ma rację – powiedział. – Nic nie rozumiem i otwarcie się do tego przyznaję. – Otworzył oczy i spojrzał prosto na Jonesa. – Ale ją kocham! – Przeniósł wzrok na żonę i dodał niemal ze złością: – Tak, kocham cię! – Po czym znów zwrócił się do staruszka: – Nie wiem, ile razy dziennie mam jej to powtarzać, ile razy mam mówić, że jest piękna i wspaniała! Naprawdę nie wiem już, co mam robić. Ta sytuacja doprowadza mnie do szału. Nie podpisałem dzisiaj papierów, ale może faktycznie powinniśmy się rozwieść.

Jan zaniosła się płaczem i ukryła twarz w dłoniach. Barry rozejrzał się wokoło i dopiero w tym momencie uzmysłowił sobie z zażenowaniem, że mówił głośniej, niż zamierzał, przez co wiele osób w restauracji zaczęło zerkać nerwowo na ich stolik. Jones delikatnie dotknął ramienia Jan, po czym zaproponował obojgu:

– Chodźmy na spacer.

Przepełnieni emocjami Hansonowie nie pamiętali oczywiście o uregulowaniu rachunku za lunch, ale wystarczył jeden uśmiech Jonesa i porozumiewawcze mrugnięcie, by stojąca za barem Nancy nie zatrzymała przeciskającej się do wyjścia pary.

Po chwili cała trójka znalazła się na plaży. Ruszyli wzdłuż morza, kierując się na wschód. Jan opanowała łzy. Szła ze spuszczoną głową i skrzyżowanymi na piersiach rękami. Barry spojrzał ze złością na Jonesa i spytał:

– Co my tu w ogóle robimy? Muszę wracać do banku.

Jones, który przez chwilę szedł w milczeniu między nimi, odrzekł:

– Proszę was o jeszcze kilka minut. Przejdźmy się kawałeczek. Pamiętacie? – Staruszek dał lekkiego kuksańca wyższemu od siebie mężczyźnie. – Jestem waszym najlepszym przyjacielem.

Barry pokręcił głową i przewrócił oczami.

– To bez sensu.

– Młodzieńcze – zagadnął Jones, nie zwracając uwagi na rozdrażnienie Barry'ego – skąd wiesz, że ktoś cię kocha?

– Co? – Barry zatrzymał się i utkwił spojrzenie w staruszku.

– Chodźmy, chodźmy – przynaglił go Jones. – Postaraj się, proszę, odpowiedzieć na moje pytanie. Kiedy ktoś cię kochał, kiedy w przeszłości czułeś się kochany, w jaki sposób ta druga osoba wyrażała swoje uczucia wobec ciebie?

– Mówiła mi o nich.

– A co konkretnie ci mówiła?

– No, że mnie kocha.

– Tylko tyle? – naciskał Jones.

Barry westchnął.

– Jeśli ktoś mnie kocha, chwali mnie, mówi, że coś dobrze zrobiłem. Mówi, że ładnie wyglądam, no i w ogóle… że jestem dobrym człowiekiem. No i że mnie kocha.

Jones zmrużył oczy.

– Czy słyszysz to wszystko od żony?

– Kiedyś słyszałem.

Jan wreszcie wtrąciła się do rozmowy.

– Wszyscy naokoło powtarzają mu to bez przerwy, więc nie musi chyba wysłuchiwać tego samego od żony.

Jones zignorował jej uwagę i ciągnął dalej:

– Skoro żona nie mówi ci, że cię kocha, skąd przez te wszystkie lata wiedziałeś, że darzy cię uczuciem?

– Chyba nie przypuszczałem, że może być inaczej – odpowiedział Barry, namyślając się z wysiłkiem. – Sądziłem, że skoro ze mną jest, to znaczy, że mnie kocha.

– Teraz zdecydowała się odejść – stwierdził beznamiętnie Jones.

Barry znów się zatrzymał i zacisnął szczęki.

– Do czego zmierzasz? – wychrypiał.

Jan również przystanęła, a Jones zajrzał im obojgu w twarze.

– Pozwólcie, że zadam wam jeszcze jedno pytanie – rzekł z powagą. – Wiele razem przeszliście, przez dwadzieścia jeden lat uzbierało się sporo dobrych i złych doświadczeń. Gdyby ktoś dzisiaj ofiarował wam magiczną różdżkę, za pomocą której moglibyście ocalić swoje małżeństwo i sprawić, że będziecie szczęśliwi i pewni swojej wzajemnej miłości... czy przyjęlibyście ten magiczny przedmiot?

Po krótkiej chwili namysłu zarówno Barry, jak i Jan przyznali bez większej nadziei, że owszem, chcieliby uratować swoje małżeństwo, jeśli byłoby to możliwe.

– To świetnie – zawołał wyraźnie uradowany Jones. – Wspaniale! Ponieważ w gruncie rzeczy to bardzo prosta sprawa. Wasz problem polega na braku odpowiedniej perspektywy.

Barry po raz kolejny nachmurzył się i otworzył usta, żeby coś powiedzieć, ale staruszek nie dał mu dojść do słowa.

– Hola, hola! – spojrzał znacząco na Barry'ego. – Teraz ja będę mówił, a wy posłuchajcie. Z waszego punktu widzenia to, co się dzieje między wami, jest oznaką nieudanego małżeństwa. Ja jednak widzę tylko i wyłącznie niemożność porozumienia się. Już wyjaśniam, o co mi chodzi.

– Ty – Jones zwrócił się do Jan – jesteś z Ameryki. A ty – staruszek spojrzał na Barry'ego – ze Szkocji! Znacie kogoś, kto pochodzi ze Szkocji?

– Tak – odrzekła Jan. – Moja kuzynka wyszła za mąż za Szkota i przeprowadziła się do niego.

– Czy ten Szkot mówi po angielsku? – dociekał Jones.

– Oczywiście – parsknęła Jan. – Chociaż równie dobrze mógłby mówić po francusku.

– Dlaczego?

– Bo i tak nikt go nie mógł zrozumieć, kiedy pewnego razu przyjechali do Stanów na Boże Narodzenie. Do tej pory krąży w rodzinie mnóstwo anegdot o tym, jak nie potrafiliśmy się z nim dogadać.

– No właśnie! – zawołał staruszek. – Teraz, mam nadzieję, już wiecie, do czego zmierzam. Amerykanie i Szkoci mówią, co prawda, po angielsku, ale zupełnie innymi dialektami, i przez to tak trudno jest im się zrozumieć! To samo ma miejsce w waszym przypadku. Mówicie tym samym językiem, oboje się kochacie, ale nie możecie się porozumieć, ponieważ używacie innych dialektów. Młoda damo – Jones uśmiechnął się łagodnie do Jan – twój mąż cię kocha i to bardzo, śmiem twierdzić. Swą miłość wyraża jednak we właściwy sobie sposób: słowami. Miłe, pełne czułości słowa są jedynym językiem miłości, jaki zna i jaki rozumie, dlatego też czuje się kochany wtedy, gdy słyszy komplementy.

– Mówiłam już przecież, że wszyscy dookoła mówią Barry'emu, jaki jest wspaniały – próbowała bronić się Jan.

– Może to i prawda – Jones uśmiechnął się znacząco – i może faktycznie twój mąż słyszy pochwały od wielu ludzi… Ale dla niego liczą się tylko twoje słowa. Nie oczekuje od innych, że będą go kochali. On kocha ciebie i pragnie, byś to właśnie ty go doceniała. Dopiero wtedy poczuje, że jest kochany.

Iskierka zrozumienia, która rozbłysła w oczach Jan, była dla staruszka sygnałem, że może mówić dalej.

– Niestety – ciągnął – zazwyczaj wyrażamy miłość w taki sam sposób, w jaki zostaliśmy nauczeni ją przyjmować. Dlatego też twój mąż, chcąc okazać ci miłość, powtarzał ciągle pełne czułości słowa. Ty tego jednak nie rozumiałaś, ponieważ nie znałaś narzecza, w którym Barry nauczył się mówić o uczuciach. Dla ciebie język miłości opiera się nie na słowach, ale na czynach, gestach i przysługach.

Zarówno Jan, jak i Barry poczuli się tak, jakby Jones poddał ich terapii wstrząsowej. Prawda, którą przekazywał im ten siwowłosy mężczyzna, poraziła ich niczym grom z jasnego nieba. Jones widział, jakie wrażenie wywołują na Hansonach jego słowa, tłumaczył więc ze zdwojonym zapałem.

– Młody człowieku – zwrócił się tym razem do Barry'ego – twoja żona ze wszystkich sił próbowała wyrazić swoją miłość, robiąc dla ciebie różne rzeczy. I równie mocno pragnie, byś okazał jej uczucia, wykonując pewne czynności specjalnie dla niej! Ponieważ jednak nie rozumiałeś jej narzecza, małe przysługi i drobne gesty wydawały ci się bez znaczenia, przez co Jan czuła się niekochana.

Hansonowie stali, wpatrując się w siebie szeroko otwartymi, zaszklonymi od łez oczami.

– On ma rację – powiedziała Jan. – Do tej pory nic nie rozumiałam. Myślałam, że nie robisz dla mnie nic, ponieważ nic już dla ciebie nie znaczę.

– Ja też nic nie rozumiałem – przyznał cicho Barry. – Nie wiedziałem, że te drobne rzeczy mają dla ciebie takie znaczenie.

– Młodzieńcze – zapytał Jones – sądzisz, że zdołasz nauczyć się nowego dialektu? Myślisz, że dasz radę od czasu do czasu pozmywać naczynia, ugotować coś, ogarnąć mieszkanie... a może nawet przyciąć rozrośnięty ostrokrzew przy ganku?

– Tak – odrzekł Barry bez namysłu. – Tak, oczywiście.

– Młoda damo – Jones przeniósł spojrzenie na Jan – a ty? Chcesz nauczyć się narzecza, jakim posługuje się twój mąż? Uda ci się co jakiś czas wyrazić swój podziw dla niego na głos i powiedzieć mu wprost o tym, że go kochasz?

– Tak, na pewno mi się uda – odpowiedziała Jan, patrząc mężowi prosto w oczy, a widząc jego wzruszenie, podeszła i przytuliła się do niego. – Przepraszam – szepnęła. – Po prostu nie wiedziałam...

– Ja również cię przepraszam – westchnął Barry. – Pomyśleć, że byliśmy o krok od... od popełnienia największego głupstwa.

– I oczywiście przez cały ten czas kochaliście się nawzajem – wtrącił Jones. – Widzicie? Brakowało wam jedynie szerszej perspektywy.

– Wie pan – Barry, nie wypuszczając Jan z objęć, po raz pierwszy uśmiechnął się do staruszka – bardzo kocham swoją żonę. Oddałbym za nią życie.

Jones zachichotał.

– To miło z twojej strony – zauważył ironicznie – ale coś mi się zdaje, że ona wcale nie wymaga od ciebie takich poświęceń. Wystarczy jej, że przytniesz ten rozrośnięty krzak przed domem.

Jan i Barry chcieli porozmawiać z Jonesem jeszcze przez chwilę, ale on nie dał się wciągnąć w dłuższą dyskusję. Grzecznie odmówił, gdy zaproponowali mu, by zatrzymał się u nich na jakiś czas lub chociaż dał się zaprosić na kolację. Pożegnał się szybko, po czym ruszył przed siebie, zostawiając Hansonów na plaży. Jan i Barry, odprowadzając wzrokiem oddalającego się staruszka, uzmysłowili sobie, że nie wiedzą na jego temat prawie nic – ani skąd pochodzi, ani dokąd odszedł, ani czy w ogóle jeszcze go kiedyś zobaczą.

– O rany… walizka… – mruknął Barry, gdy sylwetka Jonesa zmniejszyła się do rozmiarów niewielkiej figurki.

– Co takiego? – spytała Jan.

– Mogłem mu przynajmniej zaproponować, że ją poniosę.

III

Słońce świeciło jasno, gdy Jones powoli wspinał się na molo w parku stanowym Gulf. Czekałem tam na niego. Siedziałem przy drewnianym stoliku, popijając zimną lemoniadę i obserwując wędkarzy.

Kiedy podszedł, przywitaliśmy się i zaczęliśmy rozmawiać, głównie o mnie, o tym, jak potoczyło się moje życie od chwili, gdy go spotkałem po raz pierwszy. Chciałem oczywiście dowiedzieć się także, co u niego, ale on niechętnie mówił na ten temat. „Bywałem tu i tam" – odrzekł, kiedy zapytałem, gdzie się podziewał. „To i owo" – usłyszałem, gdy poprosiłem, by opowiedział mi, co porabiał przez te wszystkie lata. Z początku mnie to nieco frustrowało, ale wyczułem, że lepiej nie naciskać. Postanowiłem więc cieszyć się z tego, iż w ogóle mogłem zobaczyć się z nim ponownie.

Nie skorzystał z zaproszenia, kiedy zaproponowałem, by zatrzymał się na parę dni u nas w domu, ale oczywiście pogratulował mi tego, że w ogóle mam dom. Wychylił się, by zajrzeć pod molo, i udając powagę, rzucił:

– Mam nadzieję, że twoje obecne lokum jest bardziej przytulne niż tamto.

Potem opowiedział mi o Hansonach, zaznaczając przy tym, że nie zdradza żadnych tajemnic, ponieważ akurat ta historia dotyczy również jego.

– A poza tym – dodał – już niedługo oni sami będą opowiadać wszystkim naokoło o tym, czego się dowiedzieli.

Gdy Jones tłumaczył mi, na czym polegają różnice w wyrażaniu miłości, zapytałem go, czy istnieją inne dialekty niż te dwa, którymi porozumiewają się Hansonowie.

– Oczywiście – przytaknął staruszek. – Istnieją cztery podstawowe narzecza języka miłości. Czasami łączą się one ze sobą, tworząc różnego rodzaju podgrupy, ale zasadniczo wyróżniamy cztery dialekty.

– No dobrze – niecierpliwiłem się. – Mamy język pochwał i wyrażanej na głos aprobaty, mamy przysługi i gesty, co jeszcze?

– Trzeci dialekt – podjął Jones – oparty jest na szeroko pojętym kontakcie fizycznym, od zwykłego poklepania po plecach poczynając, na intymnej zażyłości kończąc. Dotknięcie pleców, pogłaskanie po głowie, objęcie lub pocałunek – to wszystko wyraża nasze uczucia. Ludzie, którzy porozumiewają się tym narzeczem, czują się kochani, jeśli ktoś okazuje im swoją miłość właśnie w taki sposób. Czasami to jedyny sposób, w jaki można zaspokoić ich potrzebę bliskości.

– I pewnie właśnie w taki sposób osoby te wyrażają swoje przywiązanie do bliskich? – domyśliłem się.

– Właśnie – przytaknął Jones. – Nie wolno nam tego oceniać, nie jest to ani dobre, ani złe, po prostu tak jest i już. Tych ludzi, którzy wyrażają uczucia przez dotyk, na własny użytek nazwałem kotami.

– Słucham? – uniosłem brwi.

– Koty to stworzenia, dla których najważniejszy jest kontakt fizyczny – wyjaśnił staruszek, szczerząc zęby w uśmiechu niczym Kot z Cheshire. – Nie trzeba ich jakoś specjalnie karmić, jeśli są głodne, ponieważ zawsze coś sobie upolują. Nie zwracają uwagi na to, co robimy lub mówimy do nich. Nie ma sensu ich wołać, prawie nigdy nie przychodzą. Jedyną rzeczą, jakiej domagają się od nas koty, są pieszczoty. Uwielbiają, kiedy je głaszczemy i drapiemy, wtedy czują się kochane. A w jaki sposób okazują nam swoje przywiązanie? Ocierają się o nas grzbietem lub pyszczkiem, tak jakby chciały powiedzieć: „Pogłaskaj mnie". Niektórzy ludzie zachowują się bardzo podobnie do kotów.

– To prawda! – zawołałem. – Niesamowite. A czwarty dialekt?

– Czwarty to wyrażanie miłości przez spędzanie czasu z ukochaną osobą – tłumaczył Jones. – Osoba mówiąca tym narzeczem nie zwróci większej uwagi na pieszczotliwy dotyk, drobne gesty z naszej strony czy nieustannie powtarzane zapewnienia o dozgonnym uczuciu. Dla niej będzie liczyło się tylko to, ile czasu jej poświęcimy.

Widzę po twojej minie, że raczej nie należysz do tej ostatniej grupy ludzi – roześmiał się staruszek – ale pozwól, że o coś cię spytam. Czy zdarzyło się, by twoja żona powiedziała kiedyś: „Chciałabym, żebyśmy częściej ze sobą byli" albo: „Brakuje mi wspólnie spędzonego czasu"?

Niepewnie przytaknąłem skinieniem głowy, zaczynając rozumieć, do czego Jones zmierza, po czym odrzekłem:

– Szczerze mówiąc, to, owszem, czasami napomyka coś w tym rodzaju. Ale ja nigdy nie wiedziałem, o co jej właściwie chodzi. Pracuję w domu i zdawało mi się, że skoro cały dzień siedzę na miejscu, to przecież jestem razem z nią, prawda?

– Prawda, cały dzień siedzisz w domu – przyznał Jones – ale nie jesteś wtedy tylko z nią. Twoja żona mówi czwartym dialektem, a to znaczy, że potrzebuje twojej uwagi i tego, byś część swojego czasu poświęcał tylko jej. W ten sposób ona sama wyraża miłość do ciebie i tego oczekuje w zamian. Jeśli zatem chcesz, żeby czuła się szczęśliwa i spełniona w waszym związku, musisz zacząć mówić jej językiem. Wyrażaj uczucie przez ofiarowanie jej cennych chwil sam na sam, podczas których porozmawiacie o tym, jak minął wam dzień, o swoich radościach i troskach, o planach i marzeniach na przyszłość.

– W tym momencie czuję się jak ostatni głupek. Jak mogłem wcześniej na to nie wpaść – westchnąłem.

– Niepotrzebnie się obwiniasz – Jones pomachał ręką, jak gdyby chciał rozwiać moje wątpliwości. – Skąd niby miałbyś to wszystko wiedzieć? Dorastamy w przeświadczeniu, że wszyscy ludzie myślą i czują podobnie jak my, a to nieprawda. Ważne jest, by od razu, gdy się o tym dowiemy…

– … dokonać zmiany – dokończyłem jego myśl, po czym zamilkłem, usiłując poukładać sobie wszystkie te informacje w głowie, i dopiero po chwili podjąłem temat. – Poczekaj, mówiłeś, że ludzie, którzy pragną przede wszystkim kontaktu fizycznego, są jak koty… – uśmiechnąłem się przekornie. – Masz w zanadrzu jakieś określenie na tych, którzy potrzebują spędzać czas z ukochaną osobą?

Staruszek z zakłopotaniem pochylił głowę.

– Owszem, chłopcze, mam. Osobę, dla której najważniejsze jest wspólne spędzanie czasu, lubię porównywać z kanarkiem. Kanarki zdają się świergotać: „Po prostu bądź!". Nie zważają na to, kto podaje im jedzenie i wodę, nie obchodzi ich, co mówimy, i z pewnością nie zależy im na naszych pieszczotach. Kanarki są najszczęśliwsze wtedy, gdy usiądziemy obok nich i zasłuchamy się w ich trele. Jeśli będziemy je ignorować, umrą. Nie z braku pożywienia, ale z braku miłości i uwagi.

– W takim razie, kim według ciebie jestem ja? – spytałem, wpatrując się uważnie w twarz staruszka.

– Ty, przyjacielu – odrzekł rozbawiony Jones – jesteś szczeniaczkiem. Jestem pewien, że aby poczuć się kochanym, musisz usłyszeć dużo miłych słów.

– To prawda! – roześmiałem się. – Ale dlaczego akurat szczeniaczek?

– Porównanie samo się nasuwa – wyjaśnił Jones. – Wystarczy powiedzieć pieskowi, że jest najwspanialszym zwierzakiem na świecie, i już merda nie tylko ogonem, ale całym sobą. A w jaki sposób najlepiej wytresować psa? Przez pochwały! „Dobry pies", „mądry pies" i tak dalej. Warto jednak ostrzec tych, którzy kochają szczeniaczki, lub osoby przyjmujące miłość przez pochwały. W ich przypadku słowa mają ogromną moc, dlatego nic nie zrani ich równie dotkliwie, jak wypowiedziana ze złością dezaprobata. W takiej sytuacji zarówno szczeniaki, jak i ludzie kulą się ze strachu i uciekają.

– Dobrze, mamy więc koty, kanarki i szczeniaczki… – wyliczałem po kolei na palcach. – Jakimi zwierzętami są zatem ludzie tacy jak Jan, dla których liczą się gesty i przysługi?

– Jan i osoby do niej podobne – tłumaczył Jones – to złote rybki.

Znów nie mogłem się powstrzymać od śmiechu.

– Z pewnością spodobałoby się jej to porównanie – zauważyłem.

– Z pewnością nie omieszkasz jej o nim powiedzieć! – odpalił staruszek z błyskiem w oku.

– Oczywiście, Jones – wciąż jeszcze dławiłem się ze śmiechu. – Rozgłoszę twoją teorię w całym mieście.

Staruszek wzruszył ramionami.

– Może to i dobrze. Ta wiedza przyda się nie tylko małżeństwom. Jeśli nauczymy się rozróżniać dialekty, jakimi mówią inni, łatwiej nam będzie porozumieć się z dziećmi, przyjaciółmi czy nawet z kolegami w pracy. Tak jest, każdy z nas, bez względu na wiek, płeć i tak dalej, mówi właściwym sobie narzeczem. Pomyśl tylko, jak wspaniale by było, gdybyśmy potrafili wszystkich zrozumieć!

Przez chwilę rzeczywiście zastanowiłem się nad tym, po czym przypomniałem sobie o Jan.

– Jones, a dlaczego nazwałeś Jan złotą rybką?

– Złota rybka czuje się kochana, gdy inni wyświadczają jej przysługi. Rybek w zasadzie się nie głaska, zdaje się również, że nie słyszą nas, gdy do nich mówimy, tak więc na nic tu pochwały i czułe słówka. A jeśli chodzi o wspólne spędzanie czasu, to wierz mi, złotej rybce naprawdę jest obojętne, czy przesiadujesz przy niej godzinami, czy nie! Rybka pragnie jedynie, żebyś ją karmił i regularnie wymieniał wodę w akwarium. No i oczywiście, byś przechodząc obok, nie zapomniał poprawić zamku, który na pewno zdążył się przekrzywić.

– Trafiłeś w sedno, Jones – niemal popłakałem się ze śmiechu.

– Cóż – powiedział skromnie – to tylko wynik wieloletniej obserwacji oraz spojrzenia na związki międzyludzkie z innej perspektywy. – Wstał, przeciągnął się i dodał: – Zrobiło się późno, czas wracać do domu i spędzić trochę czasu z żoną.

Podniosłem się również, ale nagle poczułem się jakoś niezręcznie, dotarło bowiem do mnie, że tak wiele zawdzięczam temu staruszkowi, a praktycznie nic o nim nie wiem. Jedynie to, że go kocham. I że on kocha mnie.

– Jones – spróbowałem raz jeszcze – może jednak dasz się namówić i pójdziesz ze mną…

– Bardzo dziękuję za zaproszenie – odrzekł – ale nie skorzystam. Nie jestem ani głodny, ani zmęczony, ani przemoczony. Nie martw się o starego Jonesa. Prawdę mówiąc, muszę zdążyć na kolejne spotkanie, więc uciekaj już. – Uśmiechnął się do mnie, po czym wziął walizkę i razem zeszliśmy z molo.

Już przy samochodzie spytałem:

– Zobaczymy się jeszcze? To znaczy, będziesz gdzieś w okolicy?

– Ależ tak! – zapewnił. – Pokręcę się tutaj jeszcze trochę, wypatruj mnie uważnie. – Dotknął ręką podkoszulka i poklepał się po spodniach. – Będę ubrany w to samo.

IV

Jones przeszedł przez plażę i zagłębił się w gęstwinie parku. Po niecałej godzinie zaczęło się ściemniać, zaś niebo zapłonęło czerwienią i fioletem, tworząc wraz z odgłosami zbliżającej się nocy niepowtarzalną scenerię. Staruszek zatrzymał się na jednym z niewielkich mostków, by posłuchać cykania świerszczy i rechotu żab zamieszkujących słonawe bagna. Nagle tuż nad głową poczuł delikatny ruch powietrza, a gdy spojrzał w górę, zobaczył sowę, która wyruszała na wieczorne łowy. Jones podążał przed siebie powoli, ale w wyraźnie określonym kierunku, tak jakby dokładnie wiedział, dokąd zmierza. Prowadził go głośny plusk wody, w której musiała bawić się duża ryba lub mały aligator.

Wędrowiec zatrzymał się pod starą sosną, położył walizkę obok pnia, usiadł na niej i oparł się plecami o chropowatą korę. W pobliżu przebiegała lokalna, mało uczęszczana droga, którą miejscowi czasami wykorzystywali jako skrót dojazdu do autostrady numer 59. Turyści rzadko się tu zapuszczali.

Jones nie czuł zmęczenia, ale mimo to przymknął oczy...

*

Walker Miles rzadko jeździł tą drogą i tego wieczoru również by w nią nie skręcił, gdyby na głównej nie zatrzymało go czerwone światło. Wiedział, że zanim zapali się zielone, minie sporo czasu, postanowił więc wybrać trasę na skróty przez park.

Jadąc krętą alejką, Walker rozmyślał nad swoim życiem. Był przedstawicielem handlowym firmy farmaceutycznej, miał pięćdziesiąt trzy lata i znów zaczynał wszystko od nowa. Zaledwie cztery miesiące wcześniej rozwiódł się po raz drugi w życiu i postanowił przeprowadzić się nad morze. Kilkakrotnie spędził w tych okolicach udane wakacje i pewnego dnia pomyślał, że jeśli istnieje dla niego szansa na odnalezienie szczęścia, to tylko tutaj. Nie liczył na nic, prócz szansy właśnie. Zawsze tak było. Przez całe życie szczęście jawiło mu się jako ulotny stan ducha, ruchomy cel, którego nigdy nie mógł osiągnąć. Dręczyły go wspomnienia popełnionych błędów i osobistych porażek oraz widma mających dopiero nastąpić pomyłek i niepowodzeń zawodowych. W końcu doszło do tego, że zaczął rozważać samobójstwo.

Pierwsza żona Walkera Kendra odeszła, stwierdzając, że nie potrafi żyć z mężczyzną, który ma takie samo nastawienie do świata jak osiołek Kłapouchy z *Kubusia Puchatka*. Druga żona Debra, uzasadniając swoją decyzję o rozwodzie, również nawiązała do jednej z bajek: „Walker – powiedziała ze smutkiem – niebo nie zawsze musi spaść nam na głowę*. Mam nadzieję, że kiedyś to zrozumiesz".

---

* Nawiązanie do tradycyjnej opowieści, w której kurczak, obawiając się bezpodstawnie, że niebo spadnie na ziemię, zaczyna szerzyć panikę, doprowadzając do nieszczęścia.

Tego wieczoru Walker był jak zwykle przygnębiony, a do tego zmęczony.

Kiedy przejechał przez pierwszy mostek i reflektory omiotły pobocze, ujrzał człowieka siedzącego kilka metrów od szosy. „Włóczęga. Menel. Stary. Naprawdę stary" – pierwsze skojarzenia, jakie pojawiły się w głowie Walkera, nie były zbyt pochlebne. Mężczyzna nie miał zamiaru zwalniać, a tym bardziej zatrzymywać się, dlatego gdy nagle wbrew sobie nadepnął pedał hamulca, mruknął pod nosem: „Co ty wyprawiasz?".

Przez chwilę siedział w samochodzie, po czym westchnął, pokręcił głową, spojrzał w lusterko wsteczne i zaczął powoli cofać, wciąż mówiąc do siebie: „Ale ze mnie głupek". Kiedy dojechał do człowieka siedzącego przy drodze, opuścił szybę i rozejrzał się.

Staruszek uniósł rękę w geście pozdrowienia.

– Dobry wieczór – powiedział.

– Potrzebuje pan pomocy? – zapytał Walker, ignorując powitanie. Staruszek nie odpowiedział, tylko wstał, chwycił w rękę coś, na czym przed chwilą siedział, i ruszył w stronę samochodu.

Walker szybko podniósł szybę niemal do końca. Zdrowy rozsądek podpowiadał mu, by jak najszybciej ruszyć, zostawiając za sobą to dziwne miejsce i jeszcze dziwniejszą sytuację, jednak znów z niewiadomych powodów nie zrobił tego.

– Przepraszam – odezwał się staruszek łagodnie, zatrzymując się przy samochodzie. – Pytałeś mnie o coś? Nie słyszę już tak dobrze jak kiedyś.

– No tak… – wyjąkał Walker, wpatrując się we włóczęgę, którego niebieskie oczy i niemal białe włosy jaśniały niesamowicie w półmroku.

– Mógłbyś powtórzyć? – poprosił siwowłosy mężczyzna.

– Tak – Walker odchrząknął. – Pytałem tylko, czy nie potrzebuje pan pomocy.

– Ha! – zawołał staruszek, potrząsając głową. – Kto jej nie potrzebuje?

– Słucham? Przepraszam, ale…

– Nie musisz przepraszać – przerwał mu nieznajomy. – Wystarczy, że mnie podrzucisz w jedno miejsce. – Powiedziawszy to, włóczęga otworzył drzwi i władował się razem z walizką do samochodu, zanim zdumiony kierowca zdążył zaprotestować.

Walker był zupełnie zbity z tropu, nie wiedział, co zrobić: czy kategorycznie zażądać, aby nieproszony pasażer opuścił samochód, czy też samemu wysiąść. Poza tym wciąż nie rozumiał, jak to się mogło stać – był przecież pewien, że zanim zaczął rozmowę z włóczęgą, zamknął wszystkie drzwi.

Przerywając niezręczną ciszę, staruszek wyciągnął dłoń.

– Jestem Jones – powiedział. – Żaden pan, po prostu Jones – ustalił, po czym otworzył oczy szerzej, jakby dopiero teraz dojrzał twarz kierowcy. – A ty, zdaje się, jesteś Walker Miles? Przepraszam, nie poznałem cię.

Walker zmarszczył brwi.

– Czy ja cię… hmm… Czy my się znamy?

– Właściwie to nie – odrzekł Jones. – Widziałem cię tydzień temu w gabinecie doktora Sureka. Ty może mnie nie pamiętasz, ale ja słyszałem, jak zwracała się do ciebie recepcjonistka. Nie zapominam nazwisk ani twarzy.

Walker pozostawał nieufny. Z racji wykonywanego zawodu bywał u większości lekarzy w okolicy – również u Chrisa Sureka –

nigdy jednak nie zwracał uwagi na siedzących w poczekalni pacjentów. „Staruszek może być chory" – przemknęło mu przez myśl.

– Mówiłeś, że potrzebujesz pomocy – powiedział.

Jones zamrugał.

– Naprawdę? – spytał niewinnie. – No dobrze. W takim razie może podrzucisz mnie do Foley? Będziesz miał po drodze, prawda?

Walker opuścił hamulec ręczny i wyłączył światło w samochodzie, cały czas kątem oka obserwując dziwnego pasażera.

– Tak, przejeżdżam przez Foley – powiedział, ruszając. – Chcesz wysiąść w jakimś konkretnym miejscu?

– Niekoniecznie, nie mam skonkretyzowanych planów na dzisiejszy wieczór – zachichotał Jones, ale twarz kierowcy wciąż pozostawała kamienna, staruszek zmienił więc temat. – Pewnego razu byłem w Chicago, a wszyscy wiedzą, jak tam wieje. No więc kiedy tam byłem, widziałem człowieka, któremu wiatr zdmuchnął kapelusz prosto na ulicę. Mężczyzna skoczył za kapeluszem, ale w tym samym momencie nadjechał samochód. Mężczyzna zginął na miejscu.

Walker zerknął na Jonesa z niesmakiem.

– Czemu, do cholery, opowiadasz mi tę historyjkę?

– Pomyślałem sobie tylko – odrzekł Jones, patrząc prosto przed siebie – jak zdumiewająco często ludzie tracą wszystko, goniąc za czymś, co nie ma znaczenia.

Przez chwilę w samochodzie panowała cisza. Światło reflektorów wydobywało z ciemności meandry drogi i tańczyło między drzewami. Walker prowadził auto w skupieniu, koncentrował się jednak nie na jeździe, ale na tym, co działo się wewnątrz samochodu. Coraz mocniej zaciskał dłonie na kierownicy, aż w końcu westchnął:

– Ja chyba też tak robię.

Jones poprawił się na siedzeniu i cmoknął językiem.

– Każdy z nas czasami tak robi. Czemu jednak sądzisz, że ty też?

Walker myślał gorączkowo. Był inteligentny, rozsądny i pochodził z dobrej rodziny. Nie potrafił w racjonalny sposób wytłumaczyć, dlaczego zatrzymał się, by podwieźć staruszka, teraz zaś był o krok od tego, by powierzyć temu przypadkowemu mężczyźnie swoje najskrytsze myśli i obawy. Z jednej strony nie chciał tego robić, zdrowy rozsądek nakazywał mu milczenie, z drugiej jednak ogarnęła go przemożna chęć opowiedzenia o sobie staruszkowi, który nie wiedzieć czemu, powoli zaczynał wzbudzać jego zaufanie. Walker odprężył się, rozluźnił uchwyt na kierownicy i już po chwili rozmawiał z Jonesem tak, jak gdyby znali się od wielu lat.

Opowiedział mu o dzieciństwie i wczesnej młodości, o dwójce starszego rodzeństwa i o cierpieniach dorastania w rodzinie alkoholika. Opowiedział o swoich małżeństwach i o pracach, które wykonywał z powodzeniem, ale które zawsze tracił z powodu nieumiejętności cieszenia się tym, co posiada. Mówił i mówił, otwierając duszę jak przed najbliższym przyjacielem.

*

Skończył, gdy siedzieli w barze i pili czwartą filiżankę kawy. Na myśl o tym, że zwierza się z najintymniejszych spraw obcemu człowiekowi, Walkera ponownie ogarnęło uczucie zdumienia, ale jednocześnie miał wrażenie, iż oto odnalazł przyjaciela z dawnych lat.

– W pewnym stopniu – podsumował – zawsze czułem się jak nieudacznik, ponieważ miałem ojca alkoholika.

– Cóż – Jones uśmiechnął się przekornie – może twój tata był alkoholikiem, ponieważ miał syna nieudacznika. – Roześmiał się głośno, podnosząc ręce do góry w obronnym geście. – Żartowałem, żartowałem.

Walker sam nie wiedział, czy powinien się obrazić, czy nie.

– Posłuchaj, młodzieńcze – Jones spoważniał. – Twój ojciec oraz wszystkie jego problemy to już przeszłość. Chłopisko umarło dawno temu, a ty zamiast dać mu spokój i zająć się własnym życiem, co chwilę wywlekasz stare dzieje! Najwyższy czas skończyć tę śpiewkę o ojcu alkoholiku i wziąć odpowiedzialność za swój los.

– Wiem, wiem – Walker przymknął powieki. – Doskonale zdaję sobie sprawę z tego, że nie powinienem myśleć tyle o przeszłości. Wiem, że nie powinienem się zamartwiać i że w gruncie rzeczy nie mam obecnie większych powodów do narzekań… – Podniósł wzrok na Jonesa, a w jego oczach widać było wzbierającą od pięćdziesięciu trzech lat frustrację. Chociaż starał się mówić cicho, zdawało mu się, że krzyczy. – Wiem to wszystko. I co z tego, skoro i tak nie potrafię nic zmienić? Zmarnowałem swoje życie… – urwał, po czym wyszeptał łamiącym się głosem: – Nie wiem, co robić.

Jones wyciągnął rękę, ujął mężczyznę za ramię i delikatnie ścisnął. Walker westchnął i znów zaczął oddychać.

– Spójrz mi w oczy, chłopcze – powiedział staruszek. – Wszystkie wielkie problemy w rzeczywistości są mniejsze, niż nam się wydaje, ten również. Rozumiesz?

Walker przytaknął skinieniem głowy.

Jones odprężył się nieco, po czym ciągnął dalej:

– Aby zmienić coś w swoim życiu, musisz dowiedzieć się dwóch rzeczy i wykonać jedno zadanie. Po pierwsze warto, byś zdawał sobie sprawę z tego, że odczuwasz niepokój oraz lęk, ponieważ jesteś mądry.

Walker spojrzał na staruszka podejrzliwie.

– Powoli – rzekł Jones, jak gdyby czytał w myślach rozmówcy. – To wcale nie są frazesy ani tanie komplementy. Tak wygląda prawda, jeśli spojrzeć na życie z nieco innej perspektywy. Potrafisz myśleć logicznie, młodzieńcze, więc siedź spokojnie i wysłuchaj mnie do końca. Z pewnością za chwilę wszystko pojmiesz.

Staruszek uśmiechnął się, wypił łyk kawy, po czym kontynuował:

– Martwisz się – powtórzył – ponieważ jesteś mądry. – Rozejrzał się ukradkiem na boki i zniżył głos, tak jakby powierzał Walkerowi wielką tajemnicę. – Głupcy tyle się nie martwią. Nie obawiają się niczego. – Walker zmarszczył brwi, wciąż niewiele rozumiejąc. Jones tłumaczył więc dalej: – Osoby inteligentne z reguły są bardziej twórcze i posiadają więcej wyobraźni niż ludzie nieco mniej rozgarnięci. Zgadzasz się ze mną?

Mężczyzna nie wiedział, do czego zmierza staruszek, ale na wszelki wypadek przytaknął:

– Chyba tak.

– No właśnie. Dlatego ci bystrzejsi o wiele częściej wpadają w sidła niepokoju i strachu. Wszelkiego rodzaju lęki są wytworami niewłaściwie wykorzystanej wyobraźni, którą posiada każdy z nas. Osoby inteligentne wyróżniają się bujniejszą wyobraźnią, przez co często wyobrażają sobie sytuacje, do których może dojść lub do których dojdzie, jeśli to czy tamto się wydarzy. Teraz rozumiesz, co miałem na myśli?

Walker skinął głową, a na jego twarzy pojawił się cień uśmiechu.

– Ja właśnie tak robię – przyznał. – Mimo że do wielce inteligentnych wcale nie należę…

– Nad tym przekonaniem również przydałoby się popracować – przerwał mu Jones – no ale do rzeczy. Głupcy nie przejmują się niczym! Niczego się nie boją! Z pewnością miałeś okazję oglądać przykłady ich zachowań w telewizji. Jeśli istnieje ktoś głupszy od faceta, który woła: „Patrzcie, co potrafię zrobić!", to jest to drugi facet, który oglądając go, stwierdza: „Cholera, ja też tak umiem!" i bierze się do naśladowania.

Jones roześmiał się, a Walker mu zawtórował.

– Zdaje się, że masz rację – powiedział rozweselony.

– Na pewno mam rację – poprawił go staruszek. – Mądrzy ludzie, tacy jak ty, bez przerwy wykorzystują swoją wyobraźnię do tego, by ich ostrzegała przed urojonym niebezpieczeństwem, dlatego słyszą w głowie: „Pali się, pali się!" nawet wtedy, gdy nie widać jeszcze dymu.

– Jak mogę to zmienić? – dopytywał się Walker. – Jak nie przejmować się sytuacjami, które logicznie rzecz biorąc, istnieją tylko w mojej wyobraźni?

– Skoro wiesz, że logicznie rzecz biorąc, twoje wątpliwości i obawy nie powinny istnieć, najłatwiej je pokonasz za pomocą… logiki.

Walker przez chwilę myślał intensywnie, po czym pokręcił głową.

– Niestety, nie rozumiem.

– Zaraz zrozumiesz – uspokoił go Jones. – To są właśnie te dwie rzeczy, o których musisz wiedzieć: po pierwsze myślisz tak, a nie inaczej, ponieważ jesteś inteligentny, po drugie możesz zmienić swój sposób myślenia dzięki logice i rozsądkowi.

Jones poprawił się na siedzeniu, oparł łokcie o stół i utkwił wzrok w rozmówcy.

– Kiedy zaczynają nas dręczyć niepokój i lęki, podświadomie zaczynamy brać je pod uwagę. Mówimy sobie: „To faktycznie może się zdarzyć!", zastanawiamy się: „A co, jeśli rzeczywiście...?". – Staruszek nachylił się nad stolikiem. – I ani się obejrzymy, a myśl o bliskiej i nieuniknionej katastrofie paraliżuje nasze działania. Nie możemy sprawnie funkcjonować w pracy, nie potrafimy stworzyć szczęśliwego związku. Wyobraźnia podsuwa nam tragiczne scenariusze, które mimowolnie zaczynamy realizować. To właśnie przytrafiło się tobie, przyjacielu. Jeśli zatem chcesz przerwać to błędne koło, musisz zastąpić irracjonalne myślenie logicznym rozumowaniem. Przestań mnożyć możliwości, a skup się na obliczaniu prawdopodobieństwa. Nie mówię o skomplikowanych równaniach matematycznych, ale o prostym działaniu, dzięki któremu będziesz mógł sprawdzić, na ile dana sytuacja ma szansę pojawić się w twoim życiu. – Jones przerwał, by pożyczyć długopis od przechodzącej obok stolika kelnerki, po czym ciągnął dalej: – Podam ci teraz dane szacunkowe dotyczące rzeczy, o które się martwimy. – Rozprostował na blacie papierową serwetkę, napisał na niej: „40%", po czym spojrzał na Walkera. – Czterdzieści procent – powiedział. – Czterdzieści procent rzeczy, które napełniają nas niepokojem, w rzeczywistości nigdy się nie wydarzy.

Jones znów opuścił wzrok i zapisał na serwetce kolejną liczbę: „30%".

– Trzydzieści procent rzeczy – ciągnął – o których myślimy z lękiem, już się wydarzyło, są to zmory przeszłości. Możemy się martwić, ile chcemy, ale i tak nie zmienimy tego, co już się stało, prawda?

Walker skinął głową w milczeniu.

Jones napisał następną wartość: „12%".

– Mniej więcej dwanaście procent zmartwień wynika z bezpodstawnych obaw o stan naszego zdrowia. „Boli mnie noga, to może być rak! Boli mnie głowa, to może być guz! Tata zmarł na zawał w wieku sześćdziesięciu lat, a ja w tym roku kończę pięćdziesiąt dziewięć!" – Jones spojrzał na Walkera. – Nadążasz za mną?

– Nadążam.

– Dobrze. W takim razie liczmy dalej. – Jones zapisał na serwetce kolejną liczbę. – Dziesięć procent to strach przed tym, co pomyślą o nas inni. – Podniósł wzrok i zajrzał rozmówcy w twarz. – A przecież zupełnie bez sensu jest martwić się o to, na co kompletnie nie mamy wpływu.

Walker przekrzywił głowę, by odczytać rząd liczb.

– Jeśli się nie mylę – powiedział po chwili – zostało jedynie osiem procent. – Spojrzał na Jonesa pytająco.

– Osiem procent – przytaknął Jones. – Zaledwie osiem procent stanowią uzasadnione obawy – oznajmił, po czym uniósł palec. – Jednak trzeba pamiętać, że są to sytuacje, z którymi przy odrobinie wysiłku można sobie poradzić. Niestety większość ludzi traci energię na zamartwianie się rzeczami, które nigdy im się nie przytrafią lub których nie są w stanie kontrolować. W efekcie nie starcza im sił na to, by sprostać realnym wyzwaniom, gdy te się wreszcie pojawią.

– Jakbym widział siebie – mruknął Walker.

– Od tej pory będzie inaczej – odparł Jones. – Powiedz mi teraz, o czym myślisz przez, powiedzmy, pierwszych dziesięć minut zaraz po przebudzeniu?

Walker wzruszył ramionami.

– Czy ja wiem... Myślę o tym, co muszę zrobić, do kogo zadzwonić, co załatwić i tak dalej.

– Myślisz o sprawach dla ciebie najważniejszych, zgadza się?

– Tak, oczywiście.

– No dobrze – zaczął Jones. – Nie mówię, że koncentrujesz się na nieodpowiednich rzeczach, ale przydałoby się, żebyś poświęcił trochę uwagi również innym aspektom życia. Wieczorem połóż obok łóżka długopis i kartkę papieru, a rano, tuż po przebudzeniu, zapisz na niej rzeczy, za które jesteś wdzięczny. Poświęć temu zadaniu około dziesięciu minut, możesz oczywiście robić sobie w tym czasie kawę albo wykonywać poranną gimnastykę. Ważne jest, byś myślał o tym, za co chciałbyś podziękować. Mogą to być imiona osób, przedmioty, miejsca, uczucia... cokolwiek. Pamiętaj, by na swojej liście ująć czystą pościel i dach nad głową, wiedząc, że miliony ludzi śpią pod gołym niebem. Kiedy będziesz jadł śniadanie, a nawet gdy zrezygnujesz z jedzenia, podziękuj za to, że je masz, ponieważ miliony ludzi nie posiadają nawet tego. Bądź uważny i pisz jak najwięcej. Wierz mi, masz za co być wdzięcznym. Możesz oczywiście codziennie dziękować za te same rzeczy, najważniejsze, byś je zapisywał. Samo myślenie o nich nic nie pomoże – Jones uśmiechnął się szeroko. – Kto jak kto, ale ty powinieneś o tym doskonale wiedzieć. W końcu od lat toczysz walkę ze swoją wyobraźnią!

Staruszek odchylił się i odłożył długopis, dając Walkerowi do zrozumienia, że ich wspólnie spędzany czas powoli się kończy.

– Od dziś będziesz czuł się inaczej – powiedział. – Wiele osób, które za bardzo się martwią, twierdzi, że ma trudności z koncentracją i że właśnie przez to traci pracę oraz ma kłopoty w związkach. To jednak nie jest prawda. Ktoś, kto nieustannie się zamartwia, jest skupiony przez cały czas; problem w tym, że nie na tych sprawach, na których powinien. Potrafisz już obliczyć prawdopodobieństwo zajścia pewnych zdarzeń. Od tej chwili będziesz koncentrował się na tym, na co masz wpływ. Nie będziesz odczuwał smutku ani lęku, ale wdzięczność. Ziarno depresji nie zakorzenia się w sercu przepełnionym wdzięcznością. A teraz idź umyć ręce – polecił staruszek Walkerowi, wskazując drzwi toalety.

Walker podniósł się z miejsca, ale przez chwilę stał bez ruchu, wpatrując się w Jonesa, po czym położył mu rękę na ramieniu.

– Dziękuję ci – rzekł uroczyście. – Wiesz, gdybym cię nie spotkał dzisiejszego wieczoru, być może popełniłbym...

– Idź już – powiedział Jones łagodnie, poklepując mężczyznę po dłoni. – Wiem. I nie ma za co.

Gdy po niecałych dwóch minutach Walker wyszedł z toalety, rachunek był już uregulowany, a po staruszku nie zostało ani śladu.

V

Znasz Jonesa? – zapytał mnie Robert Craft, gdy wyszliśmy z klubu i przystanęliśmy na schodach. Robert był właścicielem Craft Farms, najlepszego klubu golfowego w okolicy, do którego tego dnia przyszedłem zjeść lunch.

– Owszem, znam – odrzekłem, patrząc na stojącego kilkanaście metrów dalej staruszka otoczonego wianuszkiem młodych ludzi. Jones opierał jedną nogę o walizkę i tłumaczył coś zgromadzonym chłopcom i dziewczętom. Najmłodsi z nich mogli mieć po siedemnaście, najstarsi zaś po dwadzieścia kilka lat, ale wszyscy co chwilę wybuchali głośnym śmiechem i z uwagą wsłuchiwali się w jego każde słowo. – Co to za dzieciaki?

– Obsługa, sprzątacze, kelnerzy… Młodzi ludzie, którzy tu pracują i akurat w tym momencie nie mają nic do roboty. – Robert uśmiechnął się i dodał: – Albo i mają.

– Skąd znasz Jonesa? – spytałem.

– Mój tata go znał – odpowiedział, wciąż wpatrując się w rozchichotane grono podrostków. – Jones pomagał mu wybrnąć

69

z jakichś tarapatów i to jeszcze zanim tata spotkał mamę. – Robert zerknął na mnie. – Nie było to nic wielkiego. Chodziło o jakąś gadkę z cyklu: „Można na to wszystko spojrzeć z innej perspektywy" i tak dalej, ale tata zawsze o tym pamiętał.

– Często go widujesz? – chciałem wiedzieć.

Robert zrobił dziwną minę.

– A ty? – rzucił w odpowiedzi.

– Ja pierwszy o to spytałem – zauważyłem i obydwaj roześmialiśmy się.

Nasze spojrzenia znów powędrowały w kierunku staruszka.

– Kiedyś zapytałem tatę – zaczął Robert – jak wyglądał Jones, kiedy był młodszy. Tata powiedział, że wyglądał zupełnie tak samo. – Zamyślił się na chwilę, po czym przypomniał sobie moje pytanie. – Zdaje się, że widziałem go… ze dwanaście razy w życiu i zawsze okresowo.

– Okresowo? Nie rozumiem.

– No wiesz… Pojawiał się, kręcił się trochę po okolicy, potem znikał na jakiś czas… jakby rozpływał się w powietrzu. Czasami nie było go tak długo, że zapominałem o jego istnieniu, ale on zawsze wracał.

Robert patrzył na zielone tereny otaczające budynek klubu ze wszystkich stron.

– Kiedy mój tata to wszystko rozkręcał – szerokim ruchem ręki pokazał rozciągające się przed nami pola golfowe – rosły tu zagony mieczyków. Przejąłem interes kilkanaście lat temu i jedną z rzeczy, jakie polecił mi zrobić, było zadbanie o to, by Jones mógł przebywać tu, kiedy i ile tylko zechce.

– Naprawdę?

– Mhmm. Ale nigdy nie widziałem, żeby staruszek trzymał kij golfowy w ręku. Rozgląda się tylko i rozmawia z ludźmi. Spotykam go czasami w restauracji albo na polu, ale zazwyczaj pochłonięty jest rozmową z gośćmi lub tak jak teraz z obsługą. Nie mam pojęcia, gdzie on sypia. Jeśli w ogóle sypia. Nigdy nie został u mnie na noc. Kilka razy próbowałem zafundować mu posiłek na koszt firmy – ciągnął Robert – ale on zawsze za siebie płacił. Kelnerzy mówią, że dawał także solidne napiwki. Nie wiem, skąd bierze na to pieniądze, ale wydaje mi się, że nosi je w tej walizce. Zresztą Bóg jeden wie, co on tam targa… Chyba nie ubrania, bo przecież ciągle ma na sobie te same spodnie i koszulkę.

Młodzi ludzie zebrani wokół Jonesa znów wybuchnęli śmiechem. Robert uśmiechnął się i pokręcił głową.

– Uwielbiają go.

– Nie przeszkadza ci, że tu przychodzi? – zapytałem z ciekawości. – Nie mam na myśli nic złego, ale staruszek w dżinsach i z walizką w ręku trochę nie pasuje do tego miejsca. Poza tym – ruchem głowy wskazałem młodych pracowników ośrodka – zdaje się, że rozmawia z nimi w godzinach pracy.

– Powiem ci jedno – westchnął Robert. – Gdybym widział, jak zatrzymać tego staruszka u mnie na stałe, już dawno bym to zrobił. Po rozmowie z nim dzieciaki są wniebowzięte, pracują ze zdwojoną energią, robią się uważniejsze i bystrzejsze. Mój syn, znasz chyba Mitcha, mówi, że Jones udziela im rad, bardzo krótkich i konkretnych, ale młodzi go słuchają, ponieważ jego wskazówki zawsze działają. – Pokręcił głową z niedowierzaniem. – Czy widziałeś kiedyś, żeby młodzież tak bardzo interesowała się tym, co ma do powiedzenia jakiś stary dziwak? A słyszałeś, co mówią ludzie w mieście? Staruszek zauroczył nie tylko dzieciaki. Wszyscy chcą z nim porozmawiać, tak jakby był dla nich autorytetem. A wiesz, jaki jest Jones, rozmawia z każdym. – Robert urwał, by po chwili zastanowienia dodać: – Tym razem kręci się po okolicy nieco dłużej niż zwykle.

Jones spojrzał w naszą stronę. Gdy nas zauważył, pomachał, ale nie przerwał rozmowy z młodzieżą. Pokręciłem głową z rozbawieniem i ledwo słyszalnie mruknąłem pod nosem: „Jones".

– Żaden pan – zauważył Robert żartobliwie.

– Ależ oczywiście – uśmiechnąłem się. – Po prostu Jones.

Gdy uścisnęliśmy sobie ręce na pożegnanie, Robert rzucił:

– Wiesz, tata nigdy nie nazywał go Jones.

– Naprawdę? – zdziwiłem się. – A jak?

– Po raz pierwszy usłyszał o nim od robotników sezonowych, którzy przybywali tu, by zrywać mieczyki, i od tamtej pory nazywał go tak jak imigranci: Garcia.

*

Jones pożegnał się już z większością młodych ludzi, którzy musieli wracać do swoich zajęć lub po skończonej pracy do domu. Kiedy jednak podążył w stronę klubowej werandy, z której rozpościerał się widok na jezioro, zauważył, że trójka słuchaczy wciąż mu towarzyszy.

– Jakie masz plany, Jones? – spytała wysoka dziewczyna o imieniu Caroline. – Może napijesz się z nami coli? – zaproponowała. – Wy też macie ochotę? – zwróciła się do przyjaciół, po czym nie kając na odpowiedź, oznajmiła: – Zamówię cztery cole. – I ruszyła do bufetu.

Caroline miała długie, rude włosy. Była wyższa od Jonesa, dość ładna i powszechnie lubiana przez rówieśników. Chodziła do ostatniej klasy szkoły średniej, jej ojciec pracował w banku, mama zaś udzielała się społecznie. Cała rodzina wyglądała na ułożoną i szczęśliwą.

Wchodząc na werandę, Jones zerknął na pozostałych rozmówców. Starsza o dwa lata Amelia była najlepszą przyjaciółką Caroline. Studiowała nauki humanistyczne, teraz zaś przyjechała do domu na ferie wiosenne. Historia jej rodziny przedstawiała się, jak sama to określiła, „dość mętnie". Obok Amelii maszerował Ritchie Weber, przystojny siedemnastolatek.

Cała trójka przeszła przez werandę, zmierzając w kierunku zacisznego stolika. Gdy dotarli do końca tarasu, Jones i Amelia opadli na białe fotele bujane. Po chwili pojawiła się Caroline, podała każdemu napój i usiadła na drewnianej podłodze obok Ritchiego, który stał oparty o barierkę.

– O czym chcesz porozmawiać, Jones? – zapytał Ritchie. Brązowa skóra młodzieńca lśniła złociście w świetle popołudniowego słońca, jego gładka twarz i szczery uśmiech odsłaniający równe, białe zęby upodabniały go do aktora lub modela. Ritchie był niezwykle inteligentny i cały swój czas poświęcał na rozwijanie zdolności umysłowych, stroniąc od sportu (z wyjątkiem golfa). Wysoka średnia ocen z ostatniego semestru zapewniła mu godziwe stypendium, które miał otrzymywać już od jesieni.

– Ja? – staruszek udał zdziwienie. – O niczym. Najchętniej bym się zdrzemnął i z takim właśnie zamiarem tu przyszedłem.

– Daj spokój! – Caroline trąciła stopą nogę Jonesa. – Dobrze wiesz, że nie możesz żyć bez nas. Uwielbiasz z nami rozmawiać, więc nie daj się prosić, Jones!

Staruszek zachichotał i pociągnął łyk coli.

– Niech wam będzie, porozmawiajmy. Ale tym razem wy zaczynacie. Młodzieńcze – Jones wyciągnął trzymany w dłoni styropianowy kubek w kierunku Ritchiego – ty pierwszy. Zadaj mi jakieś pytanie.

– Dobrze – zgodził się chłopak skwapliwie. – Zastanawiam się od jakiegoś czasu, co zrobić, żeby małżeństwo nie skończyło się rozwodem.

Jones udał zaskoczenie.

– O rany! – zawołał. – Nie mógłbyś zacząć od czegoś prostszego? Na przykład: „Jak w tym roku pójdzie drużynie Cubsów?" albo: „Kiedy zaczną brać pstrągi?".

Ritchie milczał, wpatrując się w siwowłosego staruszka wyczekująco.

– Jesteś pewien, że chcesz porozmawiać właśnie o tym? – dopytywał się Jones.

– Tak, jestem pewien – potwierdził chłopak.

Jones wziął głęboki wdech, po czym powoli wypuścił powietrze z płuc.

– Dobrze więc… Jesteś żonaty?

Obie dziewczyny zachichotały.

– Jones! – obruszył się młody człowiek. – Doskonale wiesz, że nie mam żony.

– Za to dziewczyny zmienia jak rękawiczki – wtrąciła Caroline.

74

– Skoro nie jesteś żonaty – dociekał Jones, nie zwracając uwagi na przytyki ze strony dziewczyn – dlaczego chcesz wiedzieć, jak uchronić małżeństwo przed rozwodem?

Ritchie wzruszył ramionami.

– Ze wszystkich ludzi, których znam, moi rodzice są chyba jedynymi, którzy wciąż żyją w pierwszym małżeństwie...

– Nie zapominaj o moich – przerwała mu Caroline.

– No tak – poprawił się chłopak. – W takim razie moi i twoi staruszkowie nigdy nie brali rozwodu, ale i tak są wyjątkami. Wiele osób pobiera się bardzo młodo... Tu w okolicy słyszy się mnóstwo takich historii. – Spojrzał na koleżanki, które potwierdziły prawdziwość jego słów skinięciem głowy. – Ale po kilku latach wszyscy oni się rozwodzą – ciągnął. – Dlatego chciałem zapytać, czy jest coś, co można zrobić, żeby tego uniknąć. Czy można na przykład jeszcze przed ślubem dowiedzieć się, że związek z daną osobą najprawdopodobniej nie będzie udany? Musi istnieć jakaś zasada, reguła... To znaczy, mam nadzieję, że istnieje!

– Jesteś bardzo mądrym młodym człowiekiem – odezwał się po chwili Jones, bujając się powoli w fotelu. – Dzieciaki w dzisiejszych czasach dużo wiedzą: szkoła i dobrzy nauczyciele robią swoje! Jednak wiedzy nie należy mylić z mądrością, to dwie zupełnie różne sprawy. Mądrości można nabrać tylko dzięki doświadczeniom, często tym trudnym. Mądrość, która jest w stanie odmienić wasze życie, pochodzi z rozmów z ludźmi, z książek oraz z informacji, jakie do was docierają za pośrednictwem radia i telewizji. Oczywiście przez cały czas otrzymujecie także błędne informacje, które mogą odmienić wasze życie. Pochodzą one z rozmów z ludźmi, z książek oraz z radia i telewizji.

Ritchie, Caroline i Amelia słuchali wywodu Jonesa bardzo uważnie. Znali go już na tyle, by wiedzieć, że nie odpowie wprost na zadane pytanie. Spodziewali się, że zanim usłyszą odpowiedź, będą musieli wysilić swój intelekt.

– Mądrość przynosi wiele korzyści – tłumaczył Jones – a jedną z nich jest umiejętność właściwej oceny sytuacji. Dzięki niej potrafimy oddzielić informacje błędne i szkodliwe od informacji prawdziwych i pożytecznych; potrafimy odróżnić dobro od zła, zachowanie dopuszczalne od niedopuszczalnego. Wiemy, kiedy właściwie wykorzystujemy swój czas i kiedy go marnujemy. Wiemy, które decyzje są trafne, a które nie. Potrafimy także spojrzeć na świat z odpowiedniej perspektywy.

– Oczywiście – parsknął Ritchie. – Wiedziałem, że prędzej czy później dojdziemy do twojego ulubionego słowa. Powiedz nam lepiej, co ma wspólnego odpowiednia perspektywa z mądrością?

– Bardzo wiele – uśmiechnął się staruszek. – Jedna z definicji mówi, że mądrość to umiejętność przewidywania konsekwencji, jakie przyniosą decyzje podejmowane w teraźniejszości. Dzięki mądrości potrafimy zatem zobaczyć zdarzenia, które będą miały miejsce w przyszłości. Brzmi jak *science fiction*? Niekoniecznie. Mądrość pozwala człowiekowi przewidzieć skutki wyborów, jakich ma on zamiar dokonać, i to z niewyobrażalną wręcz dokładnością. – Jones zniżył głos, chcąc, aby młodzi ludzie nachylili się ku niemu. – Słuchajcie mnie teraz uważnie. Największą sztuką, jaką możemy posiąść, jest sztuka podejmowania najlepszych decyzji! Większość ludzi posiadających choćby odrobinę mądrości życiowej umie odróżnić dobro od zła. Jednak tylko ci naprawdę mądrzy potrafią dostrzec subtelną różnicę między tym, co dobre, a tym, co najlepsze. Różnica ta, moi przyjaciele, mimo że subtelna, jest niezwykle znacząca, tak samo, jak znacząca jest różnica między prawdopodobieństwem a pewnością... między, jak czytamy w Biblii, widzeniem w zwierciadle, niejasno*, a spojrzeniem z szerszej perspektywy, która umożliwia zobaczenie konsekwencji naszych decyzji. Podobnie rzecz wygląda w przypadku wyboru partnera życiowego.

— Jones, nie obraź się — odezwała się Amelia — ale jakoś wciąż nie potrafię połączyć twoich wyjaśnień z pytaniem, które zadał Ritchie... i którego właściwie już nie pamiętam.

Cała czwórka wybuchnęła śmiechem.

— Dobrze, już dobrze — bronił się Jones. — Wracam do tematu. Większość ludzi uważa małżeństwo za swego rodzaju zobowiązanie i ma rację, jednak o wiele łatwiej wypełniać nam ten obowiązek, jeśli dokonamy odpowiedniego wyboru. Jestem przekonany, że obecny tu młody człowiek — staruszek wskazał Ritchiego — ma bardzo duże szanse na stworzenie udanego i trwałego związku. Dlaczego? Ponieważ już teraz gromadzi doświadczenia i nabiera mądrości, która pomoże mu podjąć najlepszą decyzję.

— Tak... — Jones zamyślił się, spojrzał w górę na zawieszony u sufitu wentylator, po czym rzekł: — Chciałbym, żebyśmy podrążyli trochę ten temat, przeprowadzili burzę mózgów i zobaczyli, dokąd nas to zaprowadzi. — Przeniósł wzrok na Amelię. — Młoda damo, dlaczego ludzie postanawiają się pobrać?

---

* 1 Kor 13, 12.

Amelia oblała się rumieńcem, czując się jak studentka nie-przygotowana do egzaminu. Otwarła usta, ale po sekundzie znów je zamknęła.

– To nie jest podchwytliwe pytanie – ośmielił ją Jones. – Podaj pierwszy powód, jaki przychodzi ci do głowy.

– Dobrze… Ponieważ się kochają?

– To wszystko?

Amelia zachichotała nerwowo.

– Nie wiem, co chcesz usłyszeć.

– Tu nie ma dobrych i złych odpowiedzi – przekonywał Jones. – Bawimy się w naukowców, badamy temat z każdej strony. Zatem pobierają się, ponieważ się kochają. I…?

– Ponieważ się kochają i chcą resztę życia spędzić razem – Ame-lia wyrecytowała w pośpiechu.

Jones spojrzał na Caroline.

– A skąd wiemy, że kochamy kogoś na tyle mocno, by związać się z nim na całe życie? – zapytał.

– Cóż… – zawahała się dziewczyna. – Chcemy, żeby ta osoba była przy nas przez cały czas. Bez przerwy o niej myślimy. Chcemy się do niej przytulać…

– I nie tylko… – wtrącił Ritchie, ruszając znacząco brwiami. Caroline spojrzała na niego krzywo.

– Wy, faceci, wciąż tylko o jednym – westchnęła Amelia.

– No cóż – odparł bez cienia skruchy w głosie Ritchie – widać taka nasza natura.

– Spokój już – przerwał im Jones z uśmiechem. – Trzeba przy-znać chłopakowi, że mówi do rzeczy, w końcu pociąg fizyczny to również jeden z elementów miłości, prawda? – Zarówno Ritchie, jak i dziewczyny przytaknęli. – Ale skąd wiadomo, że kochamy kogoś wystarczająco mocno, by spędzić z nim resztę życia?

Staruszek przebiegł wzrokiem po twarzach rozmówców, jednak dłuższą chwilę nikt się nie odezwał.

– Prawdę mówiąc, nigdy się nad tym nie zastanawiałam... – milczenie przerwała w końcu Caroline.

– Większość z nas nigdy się nad tym nie zastanawia – stwierdził Jones ze smutkiem.

Znów zapanowała cisza. Trójka młodych ludzi usiłowała zrozumieć, co chciał im przekazać staruszek. Pierwszy odezwał się Ritchie.

– Jones, czy chcesz przez to powiedzieć, że kiedy się z kimś spotykamy, jeszcze w młodości, powinniśmy myśleć o tym, czy chcemy z tą osobą spędzić resztę życia?

– Nie wiem – odrzekł staruszek. – A ty jak myślisz? Druga możliwość, jaką mamy, to spotykać się za młodu z różnymi osobami i nie zastanawiać nad tym, z kim chcielibyśmy spędzić resztę życia. Czy taka opcja wydaje się wam mądrzejsza?

Odpowiedziało mu milczenie.

Jones dał młodym chwilę na przetrawienie informacji, po czym kontynuował:

– Pomyślmy razem... Spróbujmy zobaczyć, co się dzieje w większości małżeństw, o których wspominaliście wcześniej. Pamiętajcie, nie zastanawiamy się nad tym, w jaki sposób można poprawić sytuację w już istniejącym związku, nie bierzemy też pod uwagę wszystkich aspektów zagadnienia. Skupiamy się na razie na samym początku: chłopak i dziewczyna zauważają się w sali pełnej ludzi i zaczyna między nimi iskrzyć.

Caroline zachichotała.

– Cicho! – syknął Ritchie. – Mów dalej, Jones.

– Poznają się i natychmiast w sobie zakochują. Chcą być razem przez cały dzień. Kiedy muszą się rozstać, cierpią i przez cały czas każde z nich myśli o tej drugiej osobie. – Jones mówił z egzaltacją i dla wzmocnienia efektu zatrzepotał rzęsami. – Gdy już są razem, najchętniej bez ustanku całowaliby się, tulili i...

– Rozumiemy, rozumiemy – tym razem przerwała mu Amelia. – Są zakochani.

– Właśnie – potwierdził Jones. – Są tak bardzo w sobie zakochani, że ta druga osoba staje się dla nich ważniejsza od wszystkich innych osób i rzeczy w życiu. Wyobraźcie sobie teraz, że owa dziewczyna uwielbia konie. Jeździ konno od dziecka, czytuje czasopisma dla koniarzy, marzy o tym, by w przyszłości założyć wspaniałą stadninę... Ale jej wybranek jest uczulony na konie. Nie może się do nich zbliżać, a nawet gdyby mógł, i tak wolałby tego nie robić, czuje respekt przed tymi dużymi zwierzętami. Jednak dziewczyna kocha go tak bardzo, że po cichu, nie mówiąc o tym nikomu, postanawia: „On liczy się dla mnie bardziej niż konie! Mogę żyć bez koni, bez niego nie...". I wybiera chłopaka, swoją wielką miłość.

Chłopak również szaleje na punkcie swojej dziewczyny. Kocha ją bezgranicznie. – Jones złapał się dramatycznie za pierś, wywołując salwę śmiechu. – Problem tylko w tym, że uwielbia wędkować. Od małego łowił ryby z ojcem. Wędkowanie i piłka nożna to jego dwa żywioły. W wolnych chwilach albo wyprawia się na ryby, albo zasiada przed telewizorem, by poglądać transmisję meczu.

– A ona pewnie nie lubi wędkowania – domyślił się Ritchie.

– Wręcz nie znosi! – przytaknął Jones. – W ogóle nie przepada za wodą i nie lubi jeść ryb. A co gorsza – staruszek powiódł po twarzach rozmówców spojrzeniem pełnym zgrozy – dziewczyna uważa piłkę nożną za najgłupszy sport na świecie.

– Czyli po sprawie... – zawyrokowała Amelia.

– Ależ nie – zaprotestował Jones. – Wszystko będzie dobrze, ponieważ on bardzo ją kocha. Gotowy jest dla niej zrobić i poświęcić wszystko, liczy się dla niego tylko to, by być z nią do końca życia. Zatem po cichu, nie mówiąc o tym nikomu, chłopak postanawia: „Ona jest dla mnie ważniejsza niż ryby. Wcale nie muszę łowić. Po co jeździć na ryby, skoro cały czas będę mógł być z nią? A piłka nożna? Cóż, lubię futbol... ale ona jest dla mnie znacznie ważniejsza". – Jones rozłożył ręce. – No i w ten sposób doigrali się.

– Czego się doigrali? – nie rozumiał Ritchie. – Co zrobili?

– Jak to co? Pobrali się – roześmiał się staruszek. – I tym sposobem masz już odpowiedź na swoje pytanie. Dlatego właśnie tak wiele małżeństw kończy się rozwodem.

Młodzi spojrzeli po sobie z konsternacją. Najwyraźniej żadne z nich nie wiedziało, co ich znajomy chciał przez to powiedzieć.

– Jones – odezwała się Amelia – nic z tego nie rozumiemy. Co się stało? Dlaczego ich małżeństwo miałoby skończyć się rozwodem? Przecież to, co zrobili, jest całkiem normalne: poszli na kompromis. Przecież są takie rzeczy, z którymi musimy... czy ja wiem... po prostu nauczyć się żyć. To tak jak z tubką pasty, którą jedni wyciskają od końca, a inni od środka.

Jones uśmiechnął się i poklepał Amelię po dłoni, po czym wstał, ruchem ręki nakazał Ritchiemu zająć swoje miejsce, sam zaś oparł się o balustradę tak, by móc objąć spojrzeniem trójkę młodych ludzi. Uśmiechnął się ponownie i powiedział:

– Tak, gdyby w tym wszystkim chodziło tylko o drobiazgi typu pasta do zębów, sprawa byłaby o wiele prostsza... Nie wiem, czy zauważyliście, że chłopak i dziewczyna, o których wam opowiadałem, pozwolili, by zauroczenie fizycznością partnera przesłoniło im wszelkie inne aspekty związku. Chcę, żebyście mnie dobrze zrozumieli. Pociąg fizyczny jest ważny w związku, ale warto pamiętać, że możemy go odczuwać wobec wielu różnych osób. Nie wierzycie mi? To włączcie telewizor lub przejdźcie się plażą.

Dwójkę ludzi musi łączyć coś więcej niż namiętność, ponieważ życie składa się z wielu różnych momentów, nie tylko z chwil bardzo intymnych. Inaczej losy zakochanych potoczą się mniej więcej tak: może po trzech miesiącach, a może po trzech latach, ale kiedyś na pewno, atrakcyjność fizyczna przestanie odgrywać tak ważną rolę, za to znaczenia nabiorą inne sfery wspólnego życia. Właśnie wtedy wiele młodych kobiet zaczyna myśleć: „O rany! Czy to znaczy, że już nigdy nie będę jeździć konno?", zaś młodzi mężczyźni zreflektują się: „Cholera! Naprawdę do końca życia mam rezygnować z wędkowania? Nigdy więcej nie obejrzę meczu w telewizji?".

Caroline, Amelia i Ritchie milczeli. Rozumieli, do czego zmierza Jones, ale nie przerywali mu, chcąc wysłuchać jego opowieści do końca.

– Dlatego dość szybko kolega z biura, którego gabinet zdobią obrazy z końmi, stanie się powiernikiem i pocieszycielem dziewczyny, a pracująca w pobliskim barze kelnerka, która zna wyniki wszystkich meczy, ze zrozumieniem wysłucha problemów chłopaka...

Żadne z nich nie chciało, żeby tak to się skończyło, ale pamiętajmy, że pociąg fizyczny można odczuwać do wielu różnych osób.

– Smutna historia… – westchnęła Amelia.

– I powtarzająca się na każdym kroku – pokiwał głową Jones. – Na szczęście jednak nie zawsze.

– Co możemy zrobić, żeby było inaczej? – chciała wiedzieć Caroline.

– Jak to co? – odpowiedział jej Ritchie. – Przecież to oczywiste. Wystarczy nie zakochać się, a raczej nie zauroczyć osobą, która na dłuższą metę nas nudzi.

– Niby tak, ale to chyba nie takie proste – powątpiewała Amelia. – Pamiętacie, Jones powiedział, że chłopak i dziewczyna postanowili pójść na kompromis po cichu, nikomu nic nie mówiąc. Poza tym bywa, że ludzie ukrywają swoje prawdziwe uczucia i upodobania. Może ten facet nigdy jej nie powiedział, że nie lubi koni?

Młodzi ludzie znów spojrzeli na Jonesa, ten zaś wzruszył ramionami i rzekł:

– Oczywiście może się zdarzyć, że trafimy na kłamcę, jednak większość z nas ma do dyspozycji wspaniały tester, który pomaga określić, czy dany młody mężczyzna lub ta właśnie młoda kobieta są odpowiednimi dla nas kandydatami na partnerów życiowych.

– Co to za tester? – zainteresowała się Caroline.

– Nasi przyjaciele – odparł Jones. – Rodzina także, ale spotkanie w kręgu bliskich znajomych stanowi najdoskonalszy sprawdzian.

– Jaśniej proszę – domagał się Ritchie.

– Nie ma sprawy. Sprawdzian, o którym mówię, jest dość prosty, ale działa w inny sposób, niż większość ludzi się spodziewa.

Podejrzewam, młodzieńcze – staruszek zwrócił się do Ritchiego – że sądziłeś, iż podczas owego testu przyjaciele mają ocenić twoją wybrankę. Zgadza się?

Chłopak zerknął w stronę dziewczyn, a widząc po ich minach, że i one myślały podobnie, odważył się potwierdzić.

– No... tak. Zdawało mi się, że to właśnie miałeś na myśli.

– Otóż nie! – zawołał Jones. – Powinno cię interesować przede wszystkim to, czy dziewczyna polubi twoich przyjaciół! Zakładając oczywiście, że otaczasz się dobrymi i mądrymi ludźmi. Sprawdź, czy twoja ukochana chętnie przystaje na to, byś spędzał czas w gronie znajomych. Czy sama lubi z nimi przebywać? Czy odnajduje się na wspólnych spotkaniach? Czy może próbuje odciągnąć cię od przyjaciół? Chce cię mieć tylko dla siebie przez cały czas?

Jedno wiem na pewno – staruszek spojrzał na twarze młodych rozmówców. – Jeśli wasz ukochany lub ukochana próbuje oderwać was od rodziny czy przyjaciół i domaga się, byście spędzali czas tylko we dwójkę, coś nie gra. Tego liścia nie wolno wam zlekceważyć.

– Czego nie wolno zlekceważyć? – nie zrozumiała Amelia. – Liścia?

Jones pospieszył z wyjaśnieniem.

– Tak, liścia. Liście są niezawodnymi wskaźnikami. Można iść lasem przez cały dzień i ani razu nie spojrzeć w górę. Wystarczy jednak zatrzymać się na chwilę i zerwać jeden liść, by dowiedzieć się wielu ciekawych rzeczy o drzewie, pod którym stoimy. Patrząc na liść, możemy określić porę roku, wielkość drzewa, z którego pochodzi, dowiemy się też, czy owo drzewo ma trujące czy jadalne

84

owoce… O tak, jeden malutki listek może nam dużo powiedzieć na temat całego drzewa.

Ludzie, tak samo jak drzewa, zostawiają nam wskazówki pod różnymi postaciami. Wcale nie trzeba znać się z kimś przez lata, by móc dowiedzieć się wielu ważnych rzeczy na temat jego życia. Wystarczy co jakiś czas przystanąć i przyjrzeć się liściom, śladom, które zostawia. Wierzcie mi, one powiedzą nam całą prawdę na temat człowieka.

– O rany – jęknęła Amelia. – Jeśli masz rację, a coś mi się zdaje, że masz, muszę poważnie pomyśleć o tym, czy już nie czas zerwać z moim obecnym chłopakiem.

– Lepiej wcześniej niż później, prawda, Jones? – zauważył Ritchie.

Staruszek milczał.

– Twój chłopak też studiuje? – zapytała Caroline.

Amelia skinęła głową w zamyśleniu.

– Twoi znajomi go lubią?

– Zapomniałaś już? – wtrącił się Ritchie. – Przecież wcale nie o to chodzi.

– No tak – speszyła się Caroline. – Ja tylko chciałam…

– Prawdę mówiąc – odezwała się w końcu Amelia – nie wiem, co o nim sądzą moi znajomi…

– Przyjaciele nie zawsze rozmawiają z nami otwarcie o tego typu sprawach – powiedział Jones. – Często nie chcą nas urazić, a czasami my sami, zaślepieni uczuciem, nie dopuszczamy do siebie uwag i ostrzeżeń, jakie kierują do nas znajomi. Jednak prawdziwy przyjaciel będzie z nami szczery, jeśli go o to poprosimy i jeśli faktycznie będziemy gotowi go wysłuchać. Zdarza się, że przyjaciele potrafią dojrzeć liście, których my sami z różnych powodów nie zauważamy, mimo że leżą tuż pod naszymi stopami.

– Dlaczego to wszystko musi być takie trudne? – zapytała Caroline ze smutkiem.

– To wcale nie jest trudne, młoda damo – zaprzeczył Jones. – Nie jest trudne, ale nowe. Jeśli przez pewien czas będziesz myśleć w tych kategoriach, przyzwyczaisz się do nich i zaczną ci się zdawać najbardziej naturalną rzeczą na świecie. Pamiętacie, czym jest mądrość? To „umiejętność przewidywania konsekwencji, jakie przyniosą decyzje podejmowane w teraźniejszości". Rodzina, przyjaciele pojawiają się w naszym życiu nie bez powodu. Oni właśnie pomagają nam spojrzeć z innej, szerszej perspektywy na sytuację, w której się znajdujemy. Są bezcennym źródłem informacji. Słuchajmy ich uważnie.

Jones wyciągnął rękę do Caroline i pomógł jej podnieść się z podłogi. Amelia również wstała, Ritchie zaś zbliżył się do staruszka i uścisnął mu dłoń. Ich wspólnie spędzany czas dobiegał końca.

– Mam jeszcze jedno pytanie – powiedział chłopak. – Znasz Emilio, prawda? Tego chłopaka od pielęgnacji trawników?

– Tak – przyznał Jones.

– Dlaczego on nazywa cię Garcia?

Mężczyzna wyszczerzył zęby w uśmiechu.

– A dlaczego by nie? Nie wyglądam na Latynosa?

– Prawdę mówiąc – odparł Ritchie – zawsze myślałem, że jesteś czarny.

– Czy to ma jakieś znaczenie? – zapytał staruszek, przenosząc spojrzenie z Ritchiego na Caroline i Amelię.

– No… nie.

– Nie.

– Jasne, że nie.

Jones znów uśmiechnął się szeroko.

– No widzicie – odrzekł, po czym zszedł z werandy i niespiesznym krokiem ruszył wzdłuż parkingu.

VI

Różowe i fioletowe azalie były obsypane pąkami tak obficie, że kwitnące w tym samym czasie dereń i judaszowiec wyglądały przy przepysznych różanecznikach niczym ubodzy krewni. Willow Callaway podziwiała uginające się od kwiatów krzewy po raz sześćdziesiąty siódmy w życiu. Zeszła z werandy, powoli ruszyła przez ogród, otworzyła bramkę i zatrzymała się przy drodze, czekając, aż przejadą samochody. Willow mieszkała przy Canal Road, mniej więcej półtora kilometra na zachód od wielkiego zakrętu. Oficjalnie Canal Road figurowała jako autostrada numer 108, ale tylko turyści używali tej nazwy.

Patrząc na pędzące auta, kobieta wspominała czasy, w których ruchliwa obecnie trasa była wąską, wyboistą dróżką. Teraz Willow musiała znosić spaliny, ryk silników i obecność hałaśliwych, nieustannie spieszących się ludzi, których wcale tu nie zapraszała i nie potrafiła zrozumieć. Przypomniała sobie liczne popołudnia, gdy wychodziła z domu ze swoimi dziećmi i wszyscy razem biegli nad kanał. Siadali na brzegu, machali ludziom pracującym na barkach i zgadywali, dokąd zmierzają. Teraz wszystkie holowniki i barki miały klimatyzację, dlatego nikt już nie wychodził na pokład, by pomachać. Mimo to Willow wciąż przychodziła nad wodę, siadała i patrzyła przed siebie.

Rozejrzała się na boki, a gdy nie zauważyła nadjeżdżających samochodów, szybkim krokiem przeszła na drugą stronę drogi, po czym już wolniej ruszyła w kierunku jedynych w najbliższej okolicy ławek. Stały one nie między drzewami, ale na otwartym terenie. Obok nie było latarni ani kosza na śmieci, stołu do czyszczenia ryb ani węża z wodą czy choćby znaku informującego o tym, co jest dozwolone, a co zabronione. Były to najzwyklejsze w świecie ławki, stojące jedna obok drugiej na niewielkim, liczącym niecałe półtora metra kwadratowego pomoście. Zarówno pomost, jak i ławki wiele lat temu postawił tu mąż Willow.

Drewniana konstrukcja dumnie zajęła należne sobie miejsce na brzegu kanału dawno po tym, jak dzieci wyfrunęły z domu. Willow została sama z Bobbym Grayem, mężczyzną, którego poślubiła w wieku szesnastu lat. Spędzili na tych ławkach wiele wieczorów – popijali ze szklanek słodką mrożoną herbatę, patrzyli na wzbierający powoli przypływ, rozmawiali o wszystkim i o niczym albo też nie mówili nic, siedzieli pogrążeni w milczeniu, czując, jak wypełnia ich wzajemna miłość i podziw dla dzieła stworzenia. Siadywali tak, dopóki Bobby nie umarł.

Najstarszy syn Willow Tommy mieszkał w Dallas. Miał już swoje dzieci, a nawet wnuki. Ray i Martha, bliźnięta, przeprowadzili się do Sarasoty, gdzie także założyli rodziny. Bradford, najmłodszy synek Willow, nie żył. Wciąż było jej trudno pogodzić się z tym, że przeżyła własne dziecko. Brad miał zaledwie czterdzieści siedem lat, gdy odszedł. Willow ciągle mówiła i myślała o nim jak o dziecku. Owszem, dla wszystkich był dorosłym mężczyzną, ale dla niej pozostał słodkim maleństwem, które biegało po podwórku na bosaka, potykało się o pnącza kapryfolium, radośnie śmiało z głupich żartów i płakało podczas Bożego Narodzenia, ponieważ było mu bardzo smutno, że dzieciątko Jezus musiało urodzić się w stajence.

Willow była dumna z tego, co osiągnęła i jak żyła, ale jej czas na ziemi dobiegał już końca. Zrozumiała to wiele miesięcy temu, a jednak, choć w pełni o tym przekonana, wciąż tu tkwiła niczym zapomniany stroik bożonarodzeniowy wiszący na drzwiach jeszcze w marcu. Willow była kobietą wierzącą i myśl, aby przyspieszyć swoje odejście, nawet nie powstała w jej głowie. Cierpliwie czekała.

– Och! Przepraszam! – powiedziała. Nie zauważyła wcześniej starszego mężczyzny, który siedział na ławce. Na jej ławce. Sam burmistrz Orange Beach przyznał to swego czasu w artykule prasowym. Wszyscy w mieście wiedzieli, że pomost zbudował mąż Willow, dlatego nikt nigdy nie odważył się na nim siadać, by nie niepokoić wdowy mieszkającej naprzeciwko. Zaglądały tu jedynie służby miejskie, które kosiły w okolicy trawę. Jednak wiadomo było, że to pomost Willow Callaway.

Kobieta była tak zauroczona widokiem azalii i tak pewna, że jak zwykle nikogo na spacerze nie spotka, że obecność mężczyzny wprawiła ją w osłupienie. Starszy pan wstał i uśmiechnął się.

– Cóż za uroczy wieczór – powiedział. – Miejsce naprawdę niezwykłe, a widok oszałamiający. – Ukłonił się lekko i dodał: – Bardzo proszę, pani Callaway… Proszę usiąść. Odejdę, jeśli życzy sobie pani zostać sama, ale byłbym zachwycony, gdybym mógł przez chwilę pani potowarzyszyć.

– Proszę pana – odezwała się Willow – znajduję się w dość kłopotliwej sytuacji. Pan najwyraźniej wie, kim jestem, ale ja nie mogę sobie przypomnieć, bym miała przyjemność pana poznać.

Mężczyzna ukłonił się znowu i wyciągnął dłoń w stronę kobiety:

– Proszę mi wybaczyć. Jest pani w tych stronach znaną i poważaną osobistością, ja zaś jestem prostym gawędziarzem, skromnym podróżnikiem albo, jak kto woli, niepoprawnym włóczęgą. Nazywam się Jones i jeśli zaszczyci mnie pani swoim towarzystwem, proszę tak właśnie się do mnie zwracać.

Willow uśmiechnęła się i pozwoliła, by niezwykle grzeczny starszy pan ujął ją za rękę i pomógł usiąść na ławce.

– Czy mogę pani potowarzyszyć? – zapytał.

– Ależ oczywiście – odrzekła Willow równie uprzejmie.

Zajęli miejsca na dwóch małych ławkach, Willow skrzyżowała nogi w kostkach i splotła ręce na podołku, zaś Jones oparł się stopami o walizkę, którą położył na deskach pomostu.

– Podziwiałem kunszt stolarski – powiedział, głaszcząc drewniane siedzisko. – Wspaniały przykład staranności i dokładności nieczęsto dzisiaj spotykanej. Słyszałem, że pani świętej pamięci mąż własnoręcznie wykonał te wspaniałe ławki.

Twarz Willow rozpromieniła się i widać było, że kobietę rozpiera duma.

– To prawda – potwierdziła. – Mój Bobby Gray postawił je w 1969 roku. Nie ma tu ani jednego gwoździa, wszystko łączone na pióro i wpust.

– Zauważyłem – powiedział Jones, dotykając połączeń. – Piękna robota, naprawdę piękna.

– Pan chyba nie z tych stron? – zapytała Willow.

– Owszem – odrzekł starszy pan. – Nie pochodzę stąd, ale bywałem tu na tyle często, by docenić urodę tych okolic, życzliwość mieszkańców oraz mistrzowskie wykonanie tych właśnie ławek.

Willow roześmiała się serdecznie.

– Z pewnością jest pan tu… jesteś tu mile widziany, Jones. Tak zdaje się kazałeś do siebie mówić.

– Tak jest, proszę pani. I dziękuję za ciepłe słowa.

Willow pochyliła się, spojrzała w prawo i wskazała na wodę.

– Widzisz tamtą skałę? – spytała.

– Widzę.

– Mamy odpływ, dlatego ją widać. Zazwyczaj znajduje się pod wodą. Jakieś półtora metra dalej zaczyna się dość spory dół. Nie jest bardzo głęboki, ale w porze przypływu lubią się tam gromadzić kulbaki czerwone. Chłopcy nieraz wybierali je i przynosili do domu na kolację. Nikt nie wie o tym miejscu, chociaż wszędzie naokoło jest pełno wędkarzy. Ja wciąż widzę, jak te stare, tłuste ryby wystawiają ogony i ryją w mule, szukając krabów i krewetek, ale żaden łowiący jeszcze tego nie odkrył…

– Mówiła pani o swoich dzieciach – zauważył Jones. – Domyślam się, że są już dorosłe i założyły własne rodziny. Często panią odwiedzają?

– O tyle, o ile mogą. Nie wymagam od nich, by bywały często. – Willow spojrzała na Jonesa i powiedziała ze zdumieniem: – Wszystkie moje dzieci mają już własne wnuki. Nigdy nie myślałam, że będę taka stara. Nie wiem, kiedy to się stało. Starość mnie dopadła chyba po śmierci Brada. To mój synek – wyjaśniła. – Właściwie nie synek, ale dorosły mężczyzna... dobiegał pięćdziesiątki... ale dla mnie...

Zapadła cisza, którą Willow przerwała dopiero po dłuższej chwili.

– Śmierć Bobby'ego Graya była dla mnie mniejszym ciosem... Matka nie powinna żyć dłużej od dziecka... To takie okrutne. – Wargi kobiety zadrżały, a głos zaczął się łamać. – Żyję tak długo, że przestałam być potrzebna. Jak można się tak postarzeć? – Pociągnęła nosem i zacisnęła szczęki. – Przepraszam – westchnęła – gdzie się podziały moje maniery. Pewnie myślisz, że jestem niespełna rozumu.

– Ależ skąd – powiedział Jones łagodnie. – Wcale tak nie myślę. Uważam jedynie, że pani się myli.

Willow drgnęła i spojrzała na towarzysza, nie wiedząc, czy przypadkiem się nie przesłyszała.

– Słucham?

Jones uśmiechnął się, po czym wyjaśnił, starannie dobierając słowa:

– Szanowna pani, myśl, że tak dystyngowana osoba może być niespełna rozumu, nigdy nie przyszłaby mi do głowy. Jednak – tu Jones wystawił palec wskazujący – kiedy słyszę niedorzeczne stwierdzenie o zbyt długim życiu i byciu niepotrzebną – rozłożył ręce – muszę gwałtownie zaprotestować.

Willow odwróciła wzrok i znów zapatrzyła się w ocean.

– Miło z twojej strony, że to mówisz – mruknęła bez przekonania.

– Ale oczywiście nie wierzy mi pani? – zapytał Jones retorycznie.

Willow była zbyt dobrze wychowana, by wstać i odejść lub żeby otwarcie powiedzieć mężczyźnie, by pilnował własnego nosa, ale na litość boską! Jak można mieć czelność przychodzić tu i ją pouczać? Co za tupet!

– Proszę pana – rzekła wytrącona z równowagi. – Jestem po prostu starą kobietą, chcę w spokoju dożyć kresu swoich dni, nie zawadzając innym, którzy mają w życiu jeszcze coś do zrobienia.

Jones rozłożył ręce i spojrzał w niebo.

– Dobry Boże – zaintonował. – Nie pozwól, by ta stara kobieta umarła, siedząc obok mnie na ławce. – Nie zmieniając dramatycznej pozy, kątem oka zerknął na Willow.

– Proszę się ze mnie nie naśmiewać – powiedziała kobieta, ale w jej głosie słychać było lekkie rozbawienie. Jones zachichotał.

– W takim razie – ciągnął – muszę panią prosić, żeby pani również zaczęła rozmawiać ze mną poważnie. Nie jest pani aż tak stara. Proszę spojrzeć na mnie. Na ile lat wyglądam? – Kobieta popatrzyła niepewnie na rozmówcę. – Śmiało, proszę nie myśleć zbyt długo.

– Nie mam pojęcia – przyznała Willow.

– Dobra odpowiedź – odrzekł Jones wesoło – ponieważ ja również nie mam pojęcia! – Obydwoje się roześmiali, po chwili mężczyzna dodał: – Przestałem liczyć, gdy po raz pięćdziesiąty stuknęła mi czterdziestka.

Willow pokręciła głową.

– Naprawdę nie wiesz, ile masz lat?

– Cóż, z pewnością nie mniej niż kilkadziesiąt – odparł Jones – ale po co zawracać sobie głowę dokładną rachubą? Czy powinniśmy pozwolić, by jedna liczba rządziła naszym życiem i dyktowała, jak mamy się czuć? Poza tym, młoda damo, właśnie tak, ponieważ uważam panią za młodą damę, skąd ta arogancka pewność, że nie ma pani już nic do zrobienia, nic do zaoferowania światu?

– Moim zdaniem – kobieta obruszyła się nieco – to nie arogancja, ale odważne spojrzenie prawdzie prosto w oczy. Dzieci mieszkają u siebie, Bobby nie żyje... – Willow zamilkła na chwilę, po czym stwierdziła stanowczo: – W końcu wszystko, co dobre, kiedyś się kończy, i taka nasza, starych, rola, by ustąpić miejsca młodym. Czuję po prostu, że mój czas już minął.

– O rany! – Jones pokręcił głową, cmokając. – Na szczęście nie wszyscy emeryci mają takie podejście do sprawy, inaczej świat byłby uboższy o wiele dokonań i wynalazków.

– Panie Jones – powiedziała Willow, usiłując powstrzymać się od uśmiechu – znów pan sobie ze mnie stroi żarty.

– Z jednej strony tak, ale z drugiej wcale nie – odparł mężczyzna z błyskiem w oku. – I bardzo proszę mówić mi po prostu Jones. Twierdzi pani, że pani czas już minął, ale ja chciałbym, abyśmy przyjrzeli się temu z nieco szerszej perspektywy, jeśli pani pozwoli. Proszę pomyśleć, czyż nie wspaniale, że Harlan Sanders nie przeszedł na emeryturę, kiedy skończył sześćdziesiąt pięć lat?

Nazwisko, które padło, nic nie mówiło Willow.

– Harlan Sanders? – powtórzyła.

– Zapewne jest bardziej znany jako pułkownik Sanders*. Większość ludzi nie wie, że dopiero w wieku sześćdziesięciu pięciu lat

---

* Założyciel sieci restauracji KFC specjalizujących się w potrawach z kurczaka.

wykorzystał przepis rodzinny i zaczął otwierać kolejne restauracje, by serwować w nich dania ze smażonego kurczaka. Na dodatek wcale nie miał zgromadzonych wielkich funduszy, które pomogłyby mu w realizacji całego przedsięwzięcia, a jedyny jego dochód stanowiła początkowo comiesięczna emerytura.

– Rzeczywiście, nie wiedziałam o tym – przyznała Willow. – Całkiem nieźle mu poszło, no ale on faktycznie nie był taki stary.

Jones zachichotał.

– Spodziewałem się, że nie pójdzie tak łatwo. A co pani powie o Benjaminie Franklinie, który mając siedemdziesiąt osiem lat, wynalazł okulary dwuogniskowe? Winston Churchill również miał siedemdziesiąt osiem lat, gdy po zakończeniu wielkiej kariery w polityce napisał książkę, która przyniosła mu literacką Nagrodę Nobla. Mam mówić dalej? – spytał Jones i nie czekając na odpowiedź, ciągnął: – Nelson Mandela po spędzeniu wielu lat w więzieniu po raz pierwszy został prezydentem Południowej Afryki w wieku siedemdziesięciu pięciu lat. Kompozytor i pianista Igor Strawiński, mając osiemdziesiąt siedem lat, wciąż koncertował. Grandma Moses, malarka, sprzedała swój pierwszy obraz, gdy skończyła dziewięćdziesiąt lat. Michał Anioł rozpoczął pracę nad freskami w Bazylice Świętego Piotra po swoich siedemdziesiątych drugich urodzinach.

– Wystarczy! – zawołała Willow, usiłując powstrzymać uśmiech, który cisnął się jej na usta. – Długo może pan tak wymieniać?

– A ile ma pani czasu?

– Chyba to właśnie próbujemy ustalić – odrzekła przekornie kobieta, po czym zmarszczyła brwi i westchnęła: – Tyle tylko…

– Tylko co? – zapytał Jones.

– Tyle tylko, że… od kilku lat mieszkam sama. Staram się… nie robić z tego ceregieli… Ale to najstraszniejszy, najbardziej samotny czas w moim życiu.

– Chciałaby pani uzyskać dowód na to, że może być lepiej? – spytał mężczyzna.

– Daj spokój – Willow machnęła ręką. – Czy można w ogóle jakoś to udowodnić?

– Oczywiście że tak – zapewnił ją Jones. – Wiele cennych rzeczy w życiu pozostaje nieodnalezionych, ponieważ nigdy nie decydujemy się na to, by ich poszukać. Często nie zadajemy odpowiednich pytań, takich, które pozwolą rozwiązać nasze problemy. Złapani w sieć strachu i żalu zapominamy o nadziei lub mamy ją za matkę głupców. Tymczasem nadzieja jest czymś więcej niż dowodem na możliwość istnienia lepszego jutra. Jest ona podstawowym, choć często pomijanym, prawem natury i wszechświata.

– No dobrze – poddała się Willow. – Zaciekawiłeś mnie.

– Po pierwsze – zaczął Jones, patrząc na swoje ogorzałe dłonie – nawet podczas ciężkich chwil ważne jest, by pamiętać, że są one normalną częścią naszego zmiennego losu, nie warto więc zbytnio się nimi przejmować. W gruncie rzeczy każdy z nas albo właśnie przechodzi kryzys, albo z niego wychodzi, albo zmierza w jego kierunku. Kryzys? To zaledwie jeden z wielu czynników składających się na ludzkie życie. – Nagle obrócił się i spojrzał prosto na kobietę. – Proszę wziąć głęboki wdech.

– Słucham? – spytała zaskoczona.

– Bardzo proszę. Solidny, głęboki wdech. Ooooo tak.

Ramiona Willow uniosły się, po czym powoli opadły, zaś jej oczy wpatrywały się pytająco w rozmówcę.

– Jaki z tego wniosek? – spytał Jones, gdy kobieta wypuściła powietrze z płuc.

– Cóż... Nie wiem... Może, że powietrze jest czyste?

– Nie, nie – mężczyzna energicznie pokręcił głową. – Chodzi mi o coś o wiele bardziej fundamentalnego. Jaki najprostszy wniosek wypływa z faktu, że ludzie oddychają?

– Że żyją? – zaryzykowała Willow.

– Brawo! – zawołał Jones radośnie. – Oddychają, więc żyją! Zatem jaki wniosek wypływa z faktu, że pani oddycha?

– Skoro oddycham, to żyję – odrzekła kobieta, tym razem nieco bardziej pewna siebie.

– Zgadza się – potwierdził Jones. – Fakt ten, kiedy go sobie uświadomimy, pociąga za sobą całą serię konsekwencji, które stanowią niezwykle proste i uniwersalne prawdy na temat naszego życia. Każdy pani oddech jest potwierdzeniem niezmiennych, bezdyskusyjnych prawideł. Właśnie tu bierze swój początek nadzieja. Nawiasem mówiąc, jest ona dostępna wszystkim istotom ludzkim, niezależnie od ich wieku, stanu zdrowia, sytuacji finansowej, koloru skóry, płci, stanu emocjonalnego czy przekonań. Teraz proszę posłuchać mnie uważnie...

Skoro oddychamy, to żyjemy. Skoro żyjemy, to wciąż jesteśmy fizycznie obecni na tym świecie. Skoro wciąż tu jesteśmy, to najwyraźniej nie dokonaliśmy jeszcze tego, czego mieliśmy dokonać. Skoro nie dokonaliśmy jeszcze wszystkiego... to znaczy, że nie wypełniliśmy naszego celu. Skoro nie wypełniliśmy celu, to znaczy, że nie przeżyliśmy jeszcze najważniejszej części życia. A skoro nie przeżyliśmy jeszcze najważniejszej części życia... – Jones urwał, chcąc, by Willow sama doszła do konkluzji.

– To jest właśnie dowód nadziei – powiedziała kobieta cicho.

– Owszem – przytaknął Jones. – Skoro najważniejsza część naszego życia ma dopiero nastąpić, to nawet wtedy, gdy jest bardzo ciężko, możemy być pewni, że przed nami wciąż jeszcze dużo radosnych chwil i wyzwań, które mogą zostać zwieńczone sukcesem, że ciągle istnieją osoby, którym mamy pomóc, dzieci, które mamy czegoś nauczyć, oraz przyjaciele, na których mamy wywrzeć wpływ. Nadzieja jest dowodem na to, że w przyszłości czeka nas jeszcze wiele rzeczy.

Minęła dłuższa chwila, zanim Willow znów się odezwała.

– Jak zacząć? I od czego? – spytała. – Nie zrozum mnie źle, Jones. Może jestem stara, ale umysł mam sprawny. Przekonałeś mnie – uśmiechnęła się nieśmiało – i rozbudziłeś we mnie ciekawość. Czuję, że chcę czegoś jeszcze dokonać, nawet jeśli nie będzie to nic wielkiego. Miło byłoby wiedzieć, że moje uczynki zmienią świat choć odrobinkę.

Jones ściągnął usta, zmarszczył brwi i spojrzał na kobietę.

– Co by pani zrobiła – zaczął ostrożnie – gdybym ośmielił się nie zgodzić z panią po raz drugi?

Zaskoczona Willow zwróciła na mężczyznę szeroko otwarte oczy.

– A co takiego znów powiedziałam? – zapytała z niepokojem.

Jones wciągnął powietrze, by po chwili wypuścić je głośno z płuc, i kręcąc głową, rzekł:

– Wspomniała pani o tym, że pani uczynki zmienią świat „odrobinkę".

– Taką przynajmniej mam nadzieję po tym wszystkim, co od ciebie usłyszałam. Czy to źle?

Mężczyzna nie przestawał kręcić głową.

– Przykro mi, ale nigdy nie słyszałem o tym, by czyny jakiegoś człowieka zmieniły losy świata „odrobinkę". Co więcej, podejrzewam, iż jest to niemożliwe. Dlatego proszę się przygotować na to, że pani dokonania wywrą ogromny wpływ na rzeczywistość.

Kobieta, zaintrygowana słowami Jonesa, uniosła głowę:

– Proszę mówić dalej…

– Prawdą jest, że większość osób nie ma okazji zobaczyć zmian, jakie się dokonały, lub też nie potrafi wyobrazić sobie swojego w nich udziału. Część z nas czasami ma nadzieję, że nasze czyny faktycznie wpłynęły na otoczenie i zmieniły je właśnie „odrobinkę". W rzeczywistości jednak każde nasze działanie ma daleko idące skutki. Przed chwilą rozmawialiśmy o konkretnych ludziach, którzy dokonali wspaniałych rzeczy w starszym wieku. A czy mówi pani coś nazwisko Norman Bourlag? – Willow pokręciła przecząco głową. – Norman Bourlag miał dziewięćdziesiąt jeden lat, kiedy dowiedział się, że jest odpowiedzialny za ocalenie dwóch miliardów mieszkańców naszej planety.

– Dwóch miliardów? – zawołała kobieta. – Jak to możliwe?

– Pan Bourlag wyhodował nowe, niezwykle odporne odmiany pszenicy i kukurydzy, które mogły z powodzeniem rosnąć w suchym klimacie – wyjaśnił Jones. – Komitet Noblowski, Fundacja Fulbrighta oraz wielu innych ekspertów oszacowało, że na całym świecie, w Ameryce Środkowej i Południowej, w Afryce Zachodniej, w Europie i Azji aż po Syberię, osiągnięcie Bourlaga uratowało przed klęską głodu ponad dwa miliardy ludzi… I każdego dnia liczba ta rośnie.

– Niesamowite – westchnęła Willow.

– Prawda? – przytaknął Jones. – Jednak najbardziej niezwykły w całej tej historii jest fakt, że chociaż Bourlag został uhonorowany za swoją pracę… – rozejrzał się na boki, tak jakby obawiał się, że ktoś może podsłuchać ich rozmowę. – Chociaż Bourlag został uhonorowany za swoją pracę, to w rzeczywistości ocalenie dwóch miliardów osób wcale nie było jego zasługą.

– Słucham?

– To prawda – potwierdził Jones. – Za tym wspaniałym osiągnięciem w rzeczywistości stał inny człowiek, Henry Wallace, wiceprezydent Stanów Zjednoczonych za prezydentury Roosevelta.

– Zawsze myślałam, że wiceprezydentem za Roosevelta był Truman – Willow zerknęła na rozmówcę podejrzliwie.

– Proszę pamiętać – zauważył Jones – że Roosevelt piastował najwyższe stanowisko w państwie aż przez cztery kadencje. Podczas dwóch pierwszych kadencji wiceprezydentem był John Nance, podczas ostatniej Truman, ale podczas trzeciej właśnie Henry Wallace, były sekretarz do spraw rolnictwa. Wallace jako wiceprezydent wykorzystał swoje wpływy między innymi po to, by utworzyć w Meksyku ośrodek naukowy, którego zadaniem było wyhodowanie nowych, odpornych na suchy klimat odmian pszenicy i kukurydzy. Na dodatek osobiście zatrudnił w ośrodku Normana Bourlaga. Zatem mimo że Bourlag otrzymał pokojową Nagrodę Nobla, wszystko zaczęło się tak naprawdę od Wallace'a i jego decyzji.

– Nie wiedziałam o tym – przyznała kobieta. – Nawet nic znałam tych nazwisk.

– Nie szkodzi – odparł Jones. – Zresztą, jeśli dobrze się zastanowić, to ocalenie tych ludzi wcale nie było zasługą Wallace'a…

Willow była zupełnie zdezorientowana.

– Jak to? – jęknęła.

Jones spuścił wzrok, pogładził się po brodzie i wyglądało na to, że głęboko coś rozważa.

– Bo właściwie to chyba George Washington Carver* uratował te dwa miliardy ludzi. – Podniósł głowę i spojrzał na kobietę. – Pamięta pani Carvera, prawda?

– Oczywiście – zapewniła szybko Willow. – Orzeszki ziemne. Ale co on ma wspólnego z…

– Większość ludzi nie wie, że gdy George Washington Carver miał dziewiętnaście lat i studiował na Uniwersytecie Stanu Iowa, jeden z jego wykładowców, specjalista od mleczarstwa, pozwalał swemu sześcioletniemu synowi wyruszać na wyprawy botaniczne w towarzystwie genialnego studenta. Później miało się okazać, iż wspólne ekspedycje i rozmowy z George'em wywarły ogromny wpływ na życie chłopca – to właśnie Carver pokazał sześcioletniemu Henry'emu Wallace'owi, w jakim kierunku można kroczyć, by pomóc ludzkości.

Jones pokręcił głową z zachwytem.

– To wprost niewiarygodne – westchnął. – Carver poświęcił prawie całe swoje życie orzechom ziemnym. Godziny, miesiące i lata pracy. Opracował receptury dwustu sześćdziesięciu produktów wytwarzanych na bazie fistaszków i używanych po dziś dzień. Poza tym jeszcze bataty, dla których wynalazł aż osiemdziesiąt osiem zastosowań. – Jones pochylił się i oparł dłonie na kolanach.

---

* George Washington Carver (1864–1943) – afroamerykański botanik, uczony i wynalazca, który promował ideę wykorzystania orzechów ziemnych jako alternatywnej do bawełny uprawy na południu Stanów Zjednoczonych.

– Napisał również traktat na temat rolnictwa i rozpropagował pomysł utworzenia ogródków zwycięstwa*.

Willow uśmiechnęła się.

– Pamiętam je. Sami założyliśmy taki ogródek.

– Jasne, postąpiło tak bardzo wiele osób – ciągnął Jones. – Ogródki zwycięstwa, które zakładano nawet w dużych miastach, wykarmiły ogromne rzesze ludzi podczas drugiej wojny światowej. I proszę zobaczyć, jakie to wszystko niesamowite. Carver włożył w pracę nad orzechami ziemnymi, batatami i ogródkami zwycięstwa mnóstwo czasu i energii, a jednak równie bezcenne okazały się te chwile, które spędził na rozmowach z sześcioletnim Henrym.

– Niezwykłe – powiedziała Willow z podziwem w głosie. – Zatem to dokonania George'a Washingtona Carvera uratowały życie dwóm miliardom ludzi?

– Eeeee… – Jones podrapał się po głowie – nie do końca.

– Co takiego?

– Zdaje mi się, że była to raczej zasługa pewnego farmera z miasteczka Diamond w Missouri. – Mężczyzna błysnął zębami w uśmiechu, Willow zaś rozłożyła ręce w geście bezradności i przewróciła oczami. – Farmer ów nazywał się Moses – opowiadał Jones – i miał żonę Susan. Mieszkali w stanie uznającym niewolnictwo, jednak oni sami byli przeciwni tej idei. Oczywiście nie podobało się to tym obłąkanym facetom, którzy jeździli nocami po farmach, terroryzując „sympatyków", jak sami ich nazywali. Pewnej mroźnej zimowej nocy zamaskowani jeźdźcy zaatakowali farmę

---

* Przydomowe ogródki z warzywami, do których uprawy zachęcano obywateli amerykańskich podczas pierwszej i drugiej wojny światowej.

Mosesa i Susan. Spalili stodołę, zastrzelili kilka osób i porwali ze sobą czarną kobietę, Mary Washington, która nie chciała wypuścić z ramion niemowlęcia, swojego synka George'a. Mary Washington była najlepszą przyjaciółką Susan, dlatego Moses natychmiast wysłał wiadomość do bandytów, chcąc dogadać się z nimi i odzyskać Mary wraz z dzieckiem. W przeciągu kilku dni ustalono termin spotkania, tak więc zimną, styczniową nocą Moses dosiadł swojego karego konia i ruszył w kilkugodzinną wyprawę na północ, na wyznaczone rozdroże w Kansas.

Spotkał się tam z czterema mężczyznami, którzy również przyjechali konno, w rękach trzymali pochodnie, a na głowach mieli worki po mące z wyciętymi otworami na oczy. Po krótkiej wymianie zdań Moses dobił z nimi targu: oddał im swojego jedynego konia w zamian za zawartość płóciennej torby, którą mu rzucili.

Zbrodniarze odjechali, zostawiając Mosesa w mroźną noc pośrodku pustkowia. Gdy tętent kopyt powoli cichł w oddali, farmer przyklęknął, otworzył torbę i wydobył z niej nagie, przemarznięte, prawie nieżywe niemowlę. Nie zastanawiając się wiele, rozpiął koszulę i kurtkę, przytulił malca do gołej piersi, by ogrzać go ciepłem własnego ciała, po czym zapiął ubrania i ruszył w drogę powrotną. Przez cały czas mówił do chłopczyka: opowiadał mu, że zajmie się nim i wychowa jak własne dziecko... że wykształci go, oddając w ten sposób cześć Mary, jego mamie, która już nie żyła.

Jones przyjrzał się uważnie Willow. Kobieta w zamyśleniu patrzyła przed siebie.

– Tamtej nocy – ciągnął cicho mężczyzna – farmer obiecał dziecku również, że nada mu swoje nazwisko. W ten sposób Moses i Susan Carver zostali rodzicami małego czarnego chłopca,

George'a Washingtona. Dlatego właśnie myślę, że ocalenie tych dwóch miliardów ludzi jest zasługą farmera z miasteczka Diamond w stanie Missouri.

Przez chwilę siedzieli w milczeniu, które w końcu przerwał Jones, unosząc palec, jak gdyby właśnie przyszła mu do głowy nowa myśl, i powiedział:

– Chociaż tak naprawdę… – urwał, gdy zobaczył w oczach Willow łzy. – Widzi pani – podjął po chwili – moglibyśmy wyliczać tak bez końca. Moglibyśmy sięgać coraz dalej w przeszłość, a i tak nigdy nie dojdziemy do tego, czyj uczynek uratował życie dwóm miliardom głodujących. – Jones ujął rękę kobiety. – A jak daleko w przyszłość możemy zajrzeć, by zobaczyć, szanowna pani, na ile istnień miały wpływ pani uczynki? Wiele osób, których życie ulegnie diametralnej zmianie dzięki pani decyzjom, jeszcze się nie narodziło. Znaczące mogą okazać się wybory, jakich pani dokona jeszcze dzisiaj… I jutro. I pojutrze. I popojutrze.

Niezależnie od naszego wieku, stanu zdrowia, sytuacji finansowej, koloru skóry, płci, stanu emocjonalnego czy przekonań… każda nasza decyzja wywiera wpływ na niezliczoną ilość osób, teraz i w przyszłości…

– Dziękuję – powiedziała Willow cicho. – Dziękuję.

– To ja dziękuję, młoda damo – rzekł Jones, wstając. – Dziękuję, że mogłem dotrzymać pani towarzystwa i odpocząć w tak uroczym zakątku. – Ukłonił się, po czym ruszył niespiesznie wzdłuż brzegu, kierując się na zachód, a chwilę później zniknął w wieczornym mroku. – Nie odpoczywajmy jednak zbyt długo. – Kobieta raz jeszcze usłyszała jego głos, tym razem dobiegający z oddali. – Nie traćmy cennego czasu, przed nami jeszcze tyle do zrobienia…

VII

Chłopcy wdrapali mi się na kolana. Pierwszy odezwał się sześciolatek.

– Pan Jones jest bardzo miły.

– Też tak myślę – odrzekłem. Jones wyszedł zaledwie dziesięć minut wcześniej. Spędził wieczór ze mną, Polly i naszymi synami, jak zwykle nie przyjmując zaproszenia na noc.

– Bardzo lubię pana Jonesa – oświadczył czterolatek.

– Ja też, synku – powiedziałem. – A jak do niego mówiliście: Jones czy panie Jones?

– Panie Jones – obaj chłopcy stwierdzili poważnie, po czym starszy dodał: – Pan Jones powiedział, że mamy mu mówić po prostu Jones, ale ja mu odpowiedziałem, że dostałoby nam się, gdyby mama z tatą usłyszeli, że nie mówimy „pan" do tak starej osoby!

Podziękowałem w duchu, że Jones nie jest kobietą.

– Co on na to? – chciałem wiedzieć.

– Śmiał się – odrzekł młodszy. – Zburzył nam fryzury i zrobił „duc", ale nie bolało.

Cieszyłem się, że cała moja rodzina poznała staruszka. Był on w mieście już od sześciu tygodni i zacząłem się obawiać, że nie będę miał więcej okazji, by spokojnie z nim porozmawiać. Co prawda wpadaliśmy na siebie od czasu do czasu i siadaliśmy na kawę w barze, ale zawsze były to spotkania niespodziewane i bardzo krótkie. No i potem jeszcze ten domek na drzewie…

Tamtego dnia obudziłem się najwcześniej ze wszystkich, szybko zebrałem się i wyszedłem do biura zadowolony na samą myśl o rześkiej, porannej przechadzce. Kiedy jednak przystanąłem na ganku i spojrzałem na ogród, aż przetarłem oczy ze zdumienia. Na sześciu palmach rosnących obok domu wisiała drewniana konstrukcja, której jeszcze wczoraj tam nie było.

Przez kilka minut przyglądałem się jej w osłupieniu. To, co wyłaniało się spomiędzy rozłożystych liści, nie było zwykłym domkiem do zabawy. Cała budowla wyglądała jak scenografia z filmu przygodowego i w niczym nie przypominała prymitywnej budki, którą skleciłem na pobliskim dębie jeszcze jako dziecko. Był to prawdziwy dom Robinsona, zrobiony z bambusa, lin i liści palmowych. Takie domki widuje w snach każde dziecko.

Z zamyślenia wyrwał mnie głos Jonesa, który wystawił głowę przez jedno z okienek, uśmiechnął się szeroko i zawołał:

– Chodź tu do mnie – po czym zniknął, by za chwilę pokazać się w drzwiach i spuścić drabinkę linową. – Myślisz, że im się spodoba?

– Komu? – spytałem, wciąż nic z tego nie rozumiejąc.

– Twoim synom! – roześmiał się Jones. – Spodoba im się?

Wspiąłem się po drabince i siadając na drewnianym podeście, wysapałem:

– O rany… oszaleją z radości. Jak to zrobiłeś? I kiedy?

– Och, miałem mnóstwo czasu – zachichotał. – Pomogli mi Scott i Claire, AmaZuluInc.com dostarczyli materiałów. Słyszałeś o wynalazku zwanym internetem?

Zerknąłem na niego podejrzliwie, on zaś zatrząsł się ze śmiechu tak gwałtownie, że zacząłem się obawiać, iż spadnie z chybotliwej kładki.

– Pamiętaj, Andy – powiedział wreszcie. – Możesz robić, co chcesz. Możesz dokonać wszystkiego, czego pragniesz. Nigdy nie brakuje ci pieniędzy, a czas nie jest twoim wrogiem. Jeśli naprawdę chcesz dokonać w życiu czegoś wielkiego, może ci brakować jedynie pomysłu. Czas i pieniądze to tylko kwestia odpowiedniej perspektywy.

Nigdy się nie dowiedziałem, w jaki sposób Jones postawił ten domek. Udało mi się ustalić, że Claire i Scott faktycznie współpracują z AmaZuluInc.com, firmą sprowadzającą materiały dla potentatów w przemyśle rozrywkowym typu Disney czy Sea World, jednak oboje zarzekali się, że nie mieli nic wspólnego z budowlą, która pojawiła się na mojej parceli, ani że nie znają klienta o nazwisku Jones. Chłopcy, jak można się było spodziewać, zwariowali na punkcie domku, do dziś bawią się w nim codziennie.

Mniej więcej w tym czasie zdałem sobie sprawę z tego, iż coraz częściej słyszę historie o zagadkowym staruszku, i to od ludzi, którzy wcale nie wiedzą o mojej z nim znajomości. Wywołał wyraźne poruszenie w okolicy i zaczęła wokół niego narastać legenda.

Prawie zawsze w miejscu, gdzie się pojawiał, przyciągał uwagę mniejszej lub większej grupy osób. Ludzie z zaciekawieniem przysłuchiwali się jego wywodom, ponieważ były pełne życiowej mądrości i prawdy, a do tego doprawione szczyptą humoru. Słuchacze zadawali pytania, ponieważ wiedzieli, iż otrzymają szczerą i inspirującą odpowiedź. Dzięki spotkaniu z Jonesem zyskiwali świeże spojrzenie na sytuację, w jakiej się znajdowali, mogli się zatrzymać, popatrzeć na swoje życie z boku i zacząć od nowa. Z niektórymi osobami staruszek rozmawiał także w cztery oczy, a większość z tych rozmów odbywała się w takim czasie i miejscu, że trudno było mówić o czystym przypadku. Wszystkie te opowieści przywodziły mi na myśl moje pierwsze spotkanie z Jonesem i wieczorną rozmowę pod molo.

Kiedy pewnego razu szedłem plażą, zauważyłem, że właściciel wypożyczalni sprzętu wodnego umieścił przed wejściem tablicę, na której wielkimi literami, tak żeby każdy przechodzień mógł je odczytać, zapisał cytat z Jonesa. Staruszek wypowiedział owe słowa podczas rozmowy z ludźmi na temat huraganów, które coraz uporczywiej trapiły przez ostatnie lata wybrzeże zatoki. Słyszałem o tej rozmowie od znajomego i wiedziałem, jakie słowa padły w jej trakcie, ale co innego słyszeć, a co innego zobaczyć myśl Jonesa uwiecznioną na piśmie i wystawioną w miejscu publicznym.

Budujcie z sercem przepełnionym wdzięcznością. Może straciliście dach nad głową, ale nie straciliście domu. Pamiętajcie, wciąż oddychacie…

Jones

Uśmiałem się do łez na wieść, że staruszek udał się do jednego z miejscowych kościołów (nie powiem do którego) i słysząc pytanie pastora, czy wierni chcą się pomodlić w jakiejś szczególnej intencji, wstał i oświadczył: „Chciałbym się pomodlić o to, by w tym kościele pojawiło się więcej uśmiechniętych twarzy". Następnie zaś w typowy dla siebie sposób dodał: „Myślę, że więcej osób chciałoby pójść do nieba, gdyby nie obawa, iż będzie ono przypominało kościół!".

To wszystko było niesamowite. Jones głosił proste prawdy, ludzie zaś przyjmowali je z otwartym sercem, otwartą głową i poczuciem humoru. Najwięksi twardziele zdawali się mięknąć pod wpływem słów staruszka.

*

Henry Warren wyjechał z Atlanty tuż po północy, zmierzając w stronę wybrzeża. Całą drogę aż do Montgomery przejechał w ciszy, nie włączył radia ani odtwarzacza płyt. Około piątej nad ranem zjechał z autostrady I-65 w kierunku Bay Minette, po czym skręcił na drogę numer 59 prowadzącą na plażę. Henry miał trzydzieści dwa lata, był żonaty, ale rzadko widywał się z żoną, mimo że właśnie spodziewali się pierwszego dziecka. Mieszkali w dzielnicy Buckhead na przedmieściach Atlanty w domu, który z trudem utrzymywali. Oprócz tego posiadali jeszcze niewielkie, dwupokojowe mieszkanie nad zatoką.

Pod względem finansowym Henry nie osiągnął tego, co zaplanował, chociaż mierzył wysoko i ciężko pracował. Czasami zastanawiał się, czy przypadkiem nie usiłuje przebić głową muru, ale zazwyczaj szybko odsuwał od siebie przygnębiające myśli i ruszał znów do walki.

Uważał się za rzutkiego przedsiębiorcę z wizją. Oprócz agencji reklamowej, w której zatrudniał pięć osób, prowadził firmę zajmującą się architekturą zieleni i miał pod sobą dwie ekipy, w każdej od trzech do siedmiu osób, w zależności od sezonu. Jeździł dwuletnim chevroletem z leasingu, który na liczniku miał już sto piętnaście tysięcy kilometrów. Nic dziwnego – Henry nieustannie kursował między Atlantą, gdzie siedzibę miała agencja reklamowa, a wybrzeżem, na którym mieściła się druga firma.

Uchylił okno, licząc na to, że świeże powietrze trochę go orzeźwi, i przez godzinę jechał na południe, aż dotarł do zatoki. Gdy ponownie skręcił w prawo, w stronę West Beach Boulevard, w lusterku wstecznym zobaczył złocistą kulę słońca wznoszącą się ponad linię horyzontu. Spojrzał na zegarek – było dziesięć po szóstej. Za mało czasu, by wpaść do mieszkania, ale wystarczająco dużo, by choć trochę odpocząć przed poranną odprawą. Miał spotkać się z obydwiema ekipami, ponieważ wygrał przetarg na nowe zlecenie. Była to praca, do której potrzebował wszystkich swoich ludzi.

Henry obiecał przedsiębiorcy budowlanemu, że palmy, krzewy, kwiaty, trawniki oraz system nawadniający zostaną rozmieszczone i zamontowane w ciągu sześciu dni. W rzeczywistości jego ekipy czekał ogrom pracy i Henry wiedział, że nie ma cienia szansy, by zmieścić się w tak krótkim terminie. Nie przejmował się tym jednak zbytnio. „Najważniejsze – myślał – że mamy tę robotę, a jak już zaczniemy, to firma budowlana nie będzie miała wyjścia, będą musieli poczekać, aż skończymy, i tyle".

Zaparkował auto i przez chwilę rozważał, czy lepiej zdrzemnąć się na pięć minut, czy popracować nad ofertą, którą zamierzał wystawić podczas kolejnego przetargu jeszcze tego popołudnia. Zanim udało mu się rozstrzygnąć tę kwestię, zapadł w niespokojny sen.

W swojej pracy Henry wciąż balansował na pograniczu. Oczywiście nigdy nie zrobił niczego niezgodnego z prawem – nie licząc zatrudniania pracowników na czarno – ale metody, jakimi się posługiwał, by zdobywać kolejne zlecenia, i sposób wywiązywania się z umów pod względem etycznym pozostawiały wiele do życzenia. Uważał, że osoba, która mierzy wysoko i posiada „szerokie spojrzenie", musi rozwijać interes i nie przejmować się detalami.

Według Henry'ego „szerokie spojrzenie" polegało na podejmowaniu się jak największej liczby zleceń. Żeby je zdobyć, podawał terminy, których nikt nie potrafiłby dotrzymać, obiecywał wykorzystać materiały, których nigdy w rzeczywistości nie używał, i gwarantował jakość oraz staranność wykonania, których nie potrafił zapewnić. Działał zawsze w ten sam sposób: zaczynał prace w kilku miejscach na raz i przerzucał ekipy z jednego miejsca na drugie, tak by w każdym widoczny był pewien postęp. Gdy klienci zaczynali wyrażać swoje niezadowolenie, zrzucał winę na innych i składał kolejne obietnice, choć wcale nie miał zamiaru ich dotrzymać.

Wreszcie prace dobiegały końca, uczciwi klienci zazwyczaj płacili całość ustalonej na początku sumy, byli jednak tak zmęczeni współpracą z Henrym, że z ulgą przyjmowali jego odejście (on oczywiście wcale się tym nie martwił – osoba posiadająca „szerokie spojrzenie" nie przejmuje się detalami, ponieważ wie, że praca i klienci zawsze się znajdą). Kiedy Henry rozliczał się ze swoimi pracownikami, zawsze zaniżał im pensje, informując oschle, że nie jest do końca zadowolony z ich pracy. Wiedział, że nie zaprotestują – większość z nich stanowili nielegalni imigranci, więc komu niby mieli się poskarżyć?

Biznesmen obudził się z jękiem – śnił mu się kolejny koszmar. Ostatnio miewał jedynie koszmary, ale tłumaczył sobie, że był to skutek niewystarczającej ilości snu. Wyskakując z samochodu, rzucił okiem na zegarek: dochodziła ósma, jego ludzie powinni zacząć pracę godzinę temu.

Henry ruszył szybkim krokiem w kierunku ciężarówki wyładowanej palmami. Obok niej stała grupka mężczyzn i kobiet, a jeden z robotników majstrował coś przy desce rozdzielczej w kabinie. Biznesmen zaklął głośno, przyciągając uwagę ekipy.

– No co tak stoicie? – wrzasnął. – Te drzewa dawno już powinny być na ziemi! Nie płacę wam za gadanie. Wy dwaj zostańcie tutaj, reszta jazda wykopać doły w zaznaczonych miejscach! – Zaklął ponownie i obrzucił rozchodzących się szybko pracowników gniewnym spojrzeniem.

Późnym rankiem palmy były rozładowane, a jedenastoosobowa ekipa gorączkowo biegała po terenie budowy, starając się nadrobić stracony czas. Henry na przemian wrzeszczał na pracowników i uspokajał przez telefon dzwoniących z pretensjami klientów. Nie odbierał jedynie połączeń od żony – był zbyt zajęty, żeby teraz z nią rozmawiać, i wiedział, że ona to zrozumie.

Wreszcie postanowił sprawdzić, jak idzie montaż systemu nawadniającego, ruszył więc w stronę studni, przyglądając się po drodze postępom prac.

– Hej! – zawołał po chwili do ludzi z łopatami. – Zmarnujecie cały dzień na kopanie rowów. Po co kładziecie rury tak głęboko? Wystarczy piętnaście centymetrów w głąb, po co aż pół metra? Przysypcie, dobrze ubijcie ziemię i starczy.

– Proszę pana! – odezwał się ktoś za plecami Henry'ego.

– Czego tam? – warknął biznesmen, nawet nie odwracając głowy.

– Jeśli nie położymy rur głęboko, wiatr odkryje je za niecały miesiąc.

– Za miesiąc nas już tu nie będzie.

– Ma pan rację. – Henry usłyszał ten sam głos. – Zostanie po nas jedynie spartaczona robota... i zła sława.

Henry obrócił się z wściekłością, chcąc sprawdzić, kto odważył się mówić do niego w taki sposób.

– Za kogo ty się uważasz... – urwał, gdy zobaczył przed sobą starszego pana o niesamowicie niebieskich oczach. Ich spojrzenie zmroziło biznesmena, który znieruchomiał i poczuł, że robi mu się słabo. Dopiero po chwili zdołał odzyskać panowanie nad sobą i wychrypieć: – Pracujesz dla mnie?

– Od zawsze – odrzekł staruszek z uśmiechem.

Henry zdziwił się, ponieważ był przekonany, że widzi staruszka pierwszy raz w życiu. Z drugiej strony twarz starszego pana wydała mu się jakby znajoma. Gniew, który przed chwilą ogarnął biznesmena, ustąpił, a jego miejsce zajęło zakłopotanie.

– Przypomnij mi, jak się nazywasz?

– Jones. Wiem, że lubisz, by zwracać się do ciebie „panie Warren", ale czy pozwolisz mi przez chwilę traktować cię jak przyjaciela?

Henry machinalnie przytaknął skinieniem głowy. „Może to początki jakiejś choroby", zastanawiał się w duchu. Kręciło mu się w głowie i czuł, że jest coś niezwykłego w tym staruszku o hipnotyzującym spojrzeniu i łagodnym głosie. Henry nie potrafił oderwać wzroku od dziwnego przybysza.

– Chodźmy do cienia, dobrze? – zaproponował Jones, ruszając w kierunku rosnącego w pobliżu rozłożystego dębu. – Chciałbym ci zadać parę pytań.

– Ale ja mam zlecenie… – Henry zaprotestował słabo, ruchem ręki wskazując pracujących gorączkowo ludzi.

– Zlecenie zostanie wykonane – zapewnił go Jones, rozglądając się wokoło. – Dziś jest ważny dla ciebie dzień, dlatego musimy porozmawiać. – Starszy pan przełożył wysłużoną walizkę do lewej ręki, prawą zaś oparł na ramieniu biznesmena i łagodnie poprowadził go w stronę rosnącego na uboczu drzewa. Henry nie chciał nigdzie iść, nie miał najmniejszego powodu, by słuchać staruszka, jednak, nie wiedzieć czemu, spełnił jego prośbę bez słowa sprzeciwu.

– Usiądźmy tutaj – powiedział Jones, a mężczyzna znów go posłuchał. – Masz ochotę napić się wody? – spytał staruszek uprzejmie, ale Henry pokręcił przecząco głową.

Czuł się tak, jakby błądził we mgle, nie potrafił pozbierać rozbieganych myśli: „Jestem taki zmęczony. Przyszedłem tutaj z tym człowiekiem… Po co? Co mam zrobić? Rozmawiać z nim? O czym?".

– Młodzieńcze!

Henry spojrzał na Jonesa, który postawił walizkę na ziemi i przysiadł na niej, krzyżując nogi.

– Młodzieńcze, słyszysz mnie?

– Tak – odrzekł Henry, zastanawiając się, dlaczego staruszek tak krzyczy. Jego głos zdawał się zagłuszać szum przejeżdżających samochodów i maszyny pracujące na placu. – Tak – powtórzył. – Słyszę.

Nagle wpadł w popłoch. „Co się dzieje? Kim jest ten człowiek? Czy zachorowałem? Dlaczego nie mogę się podnieść?" Niemal w tej samej chwili, w której pojawiły się paniczne myśli, Jones położył mu rękę na ramieniu i Henry poczuł, że momentalnie spływa z niego napięcie.

– Kim jesteś? – zapytał nadal trochę wystraszony biznesmen. – Czego ode mnie chcesz?

Jones poklepał go po ramieniu, po czym oświadczył:

– Przyszedłem przekazać ci złą wiadomość – staruszek pochylił się w jego stronę. – Wkrótce umrzesz.

Henry był tak rozdygotany, że nowina nie zrobiła na nim większego wrażenia, poczuł jedynie, że chce uciec, zostawić tego mężczyznę i to miejsce jak najdalej za sobą, ale nie był w stanie się poruszyć, wyszeptał więc tylko:

– Nie rozumiem.

– Nasze życie to powiew wiatru, ulotna bryza, źdźbło trawy, zielone i żywe przez krótką chwilę, po której więdnie, usycha i znika. Wkrótce umrzesz, a po pogrzebie rodzina i przyjaciele Henry'ego Warrena zasiądą przy stole, by zjeść smażonego kurczaka i pudding bananowy. Będą mówić o nim to samo, co o innych zmarłych, którzy w rzeczywistości nie bardzo ich obchodzili. Dlaczego? Ponieważ życie jest niczym gra w monopol. Możesz posiadać hotele w najdroższej dzielnicy i inkasować po tysiące dolarów za nocleg, ale w końcu i tak wszystkie pionki i żetony trafią z powrotem do pudełka. Będą się nimi bawić następne pokolenia. Wielokrotnie słyszałem, chłopcze, jak mówisz o „szerokim spojrzeniu" na pewne sprawy, dlatego muszę ci coś teraz powiedzieć – tak naprawdę twoje spojrzenie na życie przysparza tobie i innym sporo krzywdy i nieszczęścia.

Słuchając słów staruszka, Henry poczuł, że stan odrętwienia, w jakim się znajdował od początku tej dziwnej rozmowy, powoli mija. Wciąż nie mógł uwolnić się od hipnotyzującego spojrzenia niebieskich oczu, ale potrafił już w miarę logicznie myśleć i docierało do niego każde słowo wypowiedziane przez niezwykłego przybysza.

– Powiedziałeś, że wkrótce umrę... – zaczął ostrożnie.

– Głównie po to, by przyciągnąć twoją uwagę – wyjaśnił Jones. – Ale musisz przyznać, że jest to dość interesujące spojrzenie na życie, nade wszystko jednak uniwersalne, ponieważ dotyczy tak samo ciebie, jak i każdego człowieka. – Staruszek szerokim gestem wskazał wszystkie osoby znajdujące się w polu widzenia. – Oni także wkrótce umrą – stwierdził beznamiętnie i z błyskiem w oku dorzucił: – Licząc psimi latami, większość z nich już nie żyje!

Henry pokręcił głową, jak gdyby chciał się otrząsnąć z resztek snu.

– O czym my w ogóle mówimy? Nic z tego nie rozumiem.

– Wiem – Jones uśmiechnął się lekko. – Zobaczmy więc, czy uda nam się co nieco wyjaśnić. – Zamilkł na chwilę, po czym spytał: – Znasz pewnie powiedzenie, że nie warto tracić czasu na drobiazgi.

– Oczywiście – odrzekł Henry.

– To dobrze – stwierdził Jones – ponieważ przyszedłem tu dzisiaj, by ci powiedzieć, że to nieprawda. Widzisz, tak naprawdę te „drobiazgi" składają się na to, co jest faktycznie wielkie w naszym życiu. Wiele osób myśli i działa podobnie do ciebie, młodzieńcze, ale ich spojrzenie wcale nie jest szersze, lecz zniekształcone. Ludzie lekceważą codzienne drobne sprawy, koncentrując się na rzeczach pozornie większej wagi, nie wiedząc, że najważniejsze są właśnie owe „drobiazgi". Ugryzł cię kiedyś słoń? – spytał staruszek. Henry pokręcił przeczącą głową. – A komar? – dociekał Jones.

– Oczywiście – odrzekł Henry.

– O to właśnie mi chodzi. – Staruszek szturchnął go w ramię. – Drobiazgi zawsze najbardziej dają nam w skórę.

Henry mimowolnie uśmiechnął się.

– Kilka lat temu – Jones rozsiadł się wygodnie na walizce, szykując się do długiej opowieści – wiewiórka wdrapała się na linie trakcyjne w pobliżu Nowego Jorku, powodując gwałtowny skok napięcia, który osłabił wspornik podtrzymujący druty. Kable zwisały nisko nad ziemią, przez co zerwał je przejeżdżający pociąg i w rezultacie czterdzieści siedem tysięcy osób dojeżdżających do pracy koleją utknęło na kilka godzin na Manhattanie. Idę o zakład, że wiewiórka wcale nie była z tych większych.

Słyszałeś o teleskopie Hubble'a? – ciągnął. – Został wymyślony w 1946 roku, prace nad nim trwały wiele lat, a jego budowa pochłonęła dwa i pół miliarda dolarów. Kiedy jednak w 1990 roku wreszcie umieszczono go na orbicie, odkryto, że jedna z soczewek została wyszlifowana o jedną tysięczną cala za mało. Ów „drobiazg" sprawił, że dopóki usterki nie usunięto, z najdroższego w historii teleskopu było równie wiele pożytku, co ze zwykłych teleskopów naziemnych.

Jones spojrzał na Henry'ego, by upewnić się, czy ten go słucha.

– Chcę przez to powiedzieć, młodzieńcze, że ludzie mądrzy nie obawiają się tracić czasu na drobiazgi. O tym, że szczegóły potrafią mieć ogromne znaczenie, przekonał się choćby sam Napoleon podczas bitwy pod Waterloo, kiedy to pokonał Wellingtona.

Henry zmarszczył brwi.

– Zaraz, przecież Napoleon nie wygrał tej bitwy – zaprotestował. – To była jego największa porażka.

– Jesteś tego pewien? – spytał Jones.

– Jak najbardziej.

– Masz rację, młodzieńcze – staruszek skinął głową potakująco. – 18 lipca 1815 roku Napoleon faktycznie poniósł pod Waterloo największą porażkę, była to totalna klęska. Jednak stało się to dopiero po tym, gdy bitwę wygrał! – Jones zarechotał, widząc sceptyczne spojrzenie Henry'ego. – Mało osób słyszało o tej historii…

Napoleon genialnie wymanewrował Wellingtona i jego siedemdziesięciotysięczną armię. Oprócz Brytyjczyków na pole bitwy zmierzali Prusacy w sile stu tysięcy żołnierzy. Armia francuska liczyła zaledwie siedemdziesiąt sześć tysięcy ludzi, nietrudno więc policzyć, jak ogromną przewagę mieli przeciwnicy Francuzów. Napoleonowi udało się jednak wprowadzić swoje wojska między Brytyjczyków a Prusaków i nie dopuścić do połączenia obu sprzymierzonych armii. Dwa dni wcześniej pokonał część armii pruskiej, postanowił więc rozdzielić swoje siły i pozostawić kilka oddziałów przy Prusakach, by utrzymać ich w ryzach.

Napoleon rozpoczął bitwę po godzinie jedenastej rano zmasowanym ostrzałem artyleryjskim wymierzonym w prawe skrzydło armii brytyjskiej. Zażarte walki trwały przez cały dzień, jednak w pewnym momencie Francuzom udało się zepchnąć Brytyjczyków do tyłu, wedrzeć za linię umocnień i przejąć większość ze stu sześćdziesięciu dział, jakimi dysponowali przeciwnicy.

Tu Jones urwał opowieść i zapytał:

– Widziałeś kiedyś takie armaty z bliska?

– Tak – odrzekł Henry. – Ładowano je od przodu.

– Zgadza się. Do lufy wkładano proch, pakuły i pociski, po czym do otworu zapałowego przykładano pochodnię. Proch zajmował się ogniem i powodował wystrzelenie pocisku. Rozumiesz?

– Tak – powtórzył Henry, nie bardzo jednak wiedząc, co tu było do rozumienia.

– W tamtych czasach – ciągnął Jones – w każdym oddziale kilku żołnierzy zabierało ze sobą na pole walki niedługie metalowe pręty, coś na kształt gwoździ, które przydawały się w chwili przejęcia dział nieprzyjaciela. Wystarczyło bowiem wbić owe gwoździe w otwór zapałowy armaty, by ją unieszkodliwić. Kiedy jednak żołnierze francuscy opanowali pozycje Brytyjczyków, okazało się, że żaden z żołnierzy nie miał przy sobie gwoździ. Napoleon, który obserwował przebieg zdarzeń ze szczytu pobliskiego wzgórza, krzyczał, by zniszczyć przejęte działa, jednak na próżno. W chwilę później żołnierze Wellingtona odbili armaty i skierowali je w stronę cofających się tym razem Francuzów. Napoleon został pokonany... A wszystko przez garstkę gwoździ.

– Nigdy nie słyszałem tej historii – powiedział cicho Henry. – Dlaczego teraz mi ją opowiadasz?

– Żeby pokazać ci, że jeśli będziesz lekceważył szczegóły, twoje „szersze spojrzenie" nigdy nie doprowadzi cię do wielkości. Tak bardzo chcesz odnieść sukces, że umyka ci to, co jest nim naprawdę.

Powiedz mi, jakie skojarzenia przychodzą ci do głowy, gdy słyszysz słowo „sukces"? Nie zastanawiaj się, tylko mów.

– Cóż – Henry zaczął wyliczać – dom… duży dom. Dobre samochody. Wakacje. Drogi zegarek. Biżuteria dla żony. Jacht, może nawet kilka…

– Dobrze. To teraz – przerwał mu Jones – powiedz mi, co przychodzi ci do głowy, kiedy ktoś mówi o udanym życiu?

Henry nie odpowiedział od razu, jednak było widać, że słowa Jonesa poruszyły go. Po chwili milczenia odezwał się:

– Przychodzi mi na myśl moja żona, nienarodzone dziecko. Będziemy mieli synka, wiesz?

– Wiem – staruszek pokiwał głową. – Mów dalej.

– Czas spędzony z rodziną. Przyjaciele. Ludzie, na których miałem jakiś wpływ…

– Jakiś wpływ czy dobry wpływ? – wtrącił się Jones, a Henry pobladł. – Coś mi się zdaje, że „jakiś" wpływ miałeś na całkiem sporo osób…

– Chyba dobrze ci się zdaje – przyznał biznesmen ze wstydem.

– Nie chyba, ale na pewno, młodzieńcze – rzekł Jones twardo. – Wiele osób postępuje podobnie do ciebie. Przepaska, którą macie na oczach, nie pozwala wam zobaczyć, że stoicie nad przepaścią. Ze wszystkich sił gonicie za sukcesem, nie widząc, że w rzeczywistości wasze życie pod prawie każdym względem: finansowym, fizycznym i emocjonalnym, zmierza ku katastrofie. Ja zaś jestem jedną z dwóch osób, którym zależy na tobie na tyle, by powiedzieć ci prawdę. Drugą osobą jest twoja żona, ale ty jej nie słuchasz. Nie odbierasz nawet telefonów od niej.

Henry spojrzał na staruszka ze złością.

– Skąd wiesz?

– A co, mylę się? – nie ustępował Jones, a gdy nie otrzymał odpowiedzi, spojrzał na pracowników uwijających się na terenie budowy. – Możesz mi powiedzieć, jak ci ludzie się nazywają? – zapytał. Henry pokręcił głową przecząco, a wtedy staruszek wskazał trzy osoby klęczące nieopodal w palącym słońcu i kładące rury. – To Walter, Ramón i Juanita.

Walter jest już dziadkiem. Ma syna Williama, który jest inżynierem i założył własną rodzinę. Razem z żoną i dwójką dzieci mieszkał w Detroit, dopóki nie zwolniono go z pracy. Niedługo potem jedno z dzieci zachorowało. Teraz wszyscy mieszkają u Waltera. – Jones obrócił się, szukając kogoś wzrokiem, po czym wskazał młodego mężczyznę kopiącego dół pod palmę. – Tam stoi William. On również u ciebie pracuje.

Ramón i Juanita nie mają jeszcze dzieci, mimo że bardzo ich pragną. Mają tyle samo lat co ty, młodzieńcze, i twoja żona. Juanita cztery dni temu, w sobotę poroniła… Pamiętasz, co powiedziałeś Ramónowi w poniedziałek rano?

– Nie wiedziałem, że ona…

– Powiedziałeś mu, że jeśli jego żona nie pokaże się w pracy, zwolnisz ich oboje.

Jones przez chwilę patrzył na Henry'ego, po chwili znów się rozejrzał.

– Ten chłopiec, który rozwija wąż do podlewania – staruszek ruchem głowy wskazał kolejną pochyloną postać – to Martin. Ma szesnaście lat, to jego pierwsza praca. Jego ojciec jest właścicielem połowy nieruchomości w tym mieście. Chciał, żeby syn znalazł sobie pracę na wakacje i spróbował zarobić pierwsze pieniądze. Martin mógł zatrudnić się w jednej z firm ojca, ale postanowił być całkiem niezależny, wylądował więc u ciebie. Po kilku dniach przekonał się, jak wygląda praca w twojej firmie, i opowiedział o tym ojcu, ale ten zachęca go, by wytrzymał do końca. Myślę, że chce, byś posłużył chłopakowi za negatywny przykład. Martin w przyszłości najprawdopodobniej będzie miał pod sobą sporo pracowników. Myślę, że ojciec przekona go, by został tu jeszcze trochę, o ile nie podniesiesz na chłopca ręki, ale na twoim miejscu – Jones chciał zajrzeć Henry'emu w twarz, ale biznesmen unikał jego spojrzenia – nie liczyłbym na to, że ktoś z krewnych lub przyjaciół rodziny powierzy ci wykonanie jakiejkolwiek pracy.

Tamci trzej młodzi mężczyźni – Henry popatrzył we wskazanym przez staruszka kierunku – ci z palmą… to bracia, Hugo, Ricardo i Mario. Pochodzą z niewielkiego miasteczka przy granicy z Teksasem. Ich ojciec nie żyje, a mama jest chora. Nie wiedzą na co, gdyż nie stać ich na wizytę u lekarza. Mają młodszą, piętnastoletnią siostrę, której marzeniem jest rozpocząć studia. Przekroczyli granicę miesiąc temu i dojechali autostopem aż tutaj. Sądzą, że w tej okolicy nie zostaną tak prędko złapani. – Jones urwał, po czym dodał: – Nie twierdzę, że postąpili słusznie. Opowiadam ci tylko ich historię.

Shirley i Letha to matka i córka. Stoją przy automacie z chłodzoną wodą i obserwują cię. Wyglądają na przerażone. Tak jakby bały się, że nakrzyczysz na nie za to, że zrobiły sobie przerwę na kilka łyków wody… – Jones umilkł, czekając na reakcję Henry'ego, ale ten zwiesił tylko głowę. – Letha boryka się z pewnym problemem – podjął staruszek po chwili. – Ma prawie trzydzieści lat, a rozumuje jak dwunastolatka. Mąż zostawił ją kilka lat temu. Shirley znajduje się w na tyle trudnej sytuacji życiowej, że gdyby zwróciła się po pomoc do opieki społecznej, z pewnością by ją otrzymała, ale duma jej na to nie pozwala. Praca u ciebie jest jedną z trzech, które udało się jej utrzymać.

Ten chudy mężczyzna z łopatą to Fred. Ma pięćdziesiąt lat i również pracuje w kilku miejscach. Mieszka razem z matką w skromnym mieszkanku. To dobry człowiek, ale pozbawiony nadziei. Stracił ją wiele lat temu. Fred najprawdopodobniej nie pracuje tak ciężko, jak powinien. Czy to dlatego w zeszłym tygodniu obciąłeś mu pensję o pięćdziesiąt dolarów? – Jones pochylił głowę, by złowić spojrzenie Henry'ego, który utkwił wzrok w ziemi.

– Dostał tyle, na ile zapracował – próbował wyjaśnić biznesmen.

– Pewnie tak – zgodził się Jones, a jego twarz nabrała ostrych rysów. – Powiedz mi w takim razie, młodzieńcze – spytał oschle – czy w ostatecznym rozrachunku również chciałbyś otrzymać to, na co zasłużyłeś? – Staruszek zawiesił głos i przez chwilę milczał, chcąc, by pytanie dotarło do Henry'ego, po czym westchnął i pokręcił głową. – Ja na przykład nie chcę dostać tego, na co sobie zasłużyłem. Modlę się nie o sprawiedliwość, ale o miłosierdzie.

Te istoty, ich życia, życie Waltera i Williama, Shirley, Lethy, Ramóna, Juanity i wszystkich pozostałych, znaczą dla Stwórcy tak wiele, ile dla ciebie twój nienarodzony syn.

Znów zapadło milczenie. Staruszek czuł, że młody biznesmen znajduje się w tym momencie na rozdrożu, czekał więc cierpliwie, aż Henry postanowi, którą z dróg wybrać. Z doświadczenia wiedział, że decyzji o zmianie kierunku, w jakim toczy się nasze życie, rzadko towarzyszą fajerwerki i fanfary. Przemiana zwykle dokonuje się w ciszy, często wśród łez żalu i skruchy. Potem pojawia się przebaczenie, uczucie o niezwykłej mocy, zdolnej wypełnić pustkę, zaszczepić optymizm i wiarę w sens nowego życia.

– Wszystko spaprałem – powiedział cicho Henry.

– Owszem, spaprałeś całkiem sporo – przytaknął Jones – ale jeszcze nie wszystko.

Biznesmen spojrzał na staruszka.

– Co masz na myśli?

– Mam na myśli to, że możesz się zmienić. I to już w tej chwili. Możesz zmienić podejście do prowadzenia interesów, możesz zmienić sposób, w jaki traktujesz swoją rodzinę i ludzi, za których jako pracodawca jesteś odpowiedzialny. Możesz zmienić swoje życie. Od zaraz.

Jones wpatrywał się intensywnie w Henry'ego i ciągnął dalej:

– Większość ludzi uważa, że na zmianę potrzeba dużo czasu. To nieprawda. Zmiana następuje w jednym momencie, w mgnieniu oka! Podjęcie decyzji o gotowości do niej może trochę potrwać... Ale sama zmiana trwa ułamek sekundy!

– W takim razie chcę się zmienić – rzekł Henry. – To znaczy... już się zmieniłem!

– Ważne, byś pamiętał – uprzedził Jones – że inni ludzie także potrzebują czasu, by zmienić swoją opinię o tobie. – Młody mężczyzna skinął potakująco głową. – Większość osób będzie uważnie cię obserwować i upłynie trochę wody, zanim osiągną gotowość do zmiany. Jednak twoja nowa postawa w końcu przekona ich do ciebie i zrozumieją, że mają do czynienia z zupełnie innym człowiekiem.

A teraz mały test – powiedział staruszek, któremu wyraźnie poprawił się humor. – Wykaże on, czy rzeczywiście jesteś gotowy do przeprowadzenia zmiany we wszystkich obszarach życia. Gotowy?

– Tak… – westchnął Henry, widocznie już zmęczony.

– Na pomoście siedzi pięć mew. Jedna z nich postanawia odlecieć. Ile mew pozostaje?

– Jak to…? Cztery.

– Źle – pokręcił głową Jones. – Jest ich wciąż pięć. Decyzja o odlocie i faktyczne poderwanie się do lotu to dwie różne sprawy.

Posłuchaj mnie teraz uważnie. Znasz przysłowie o dobrych chęciach? Otóż mewa może i chce odlecieć, może rzeczywiście tak postanowiła i nawet obwieściła to pozostałym mewom, opowiadając o tym, jak wspaniale jest szybować w przestworzach, ale dopóki nie zatrzepocze skrzydłami i nie wzbije się w powietrze, wciąż pozostaje na ziemi. Między nią a innymi mewami nie ma absolutnie żadnej różnicy. Tak samo nie ma różnicy między kimś, kto chce dokonać zmiany, a kimś, kto w ogóle nie zaprząta sobie tym tematem głowy. Zastanawiałeś się kiedyś nad tym, jak często sądzimy siebie po swoich intencjach, zaś innych oceniamy na podstawie czynów? A przecież sam zamiar, niezrealizowana chęć to nic innego jak policzek wymierzony osobom, które spodziewają się, że staniemy na wysokości zadania. „Miałem zamiar kupić ci kwiaty, ale nie kupiłem". „Zamierzałem skończyć pracę na czas". „Chciałem przyjść na twoje urodziny…"

Henry poruszony do głębi poczuł, że coś w nim pęka.

– Chyba rozumiem. W takim razie od czego zacząć?

– Pokaż, że się zmieniłeś – powiedział Jones, uśmiechając się i wskazując na komórkę przyczepioną do paska Henry'ego. – Najpierw zadzwoń do żony. Reszta przyjdzie sama.

Henry chwycił telefon, spojrzał na staruszka i spytał krótko:

– Teraz?

– Teraz – odrzekł Jones, po czym wstał i przeciągnął się.

Henry wybrał znajomy numer i poczekał, aż żona odbierze. Kiedy usłyszał w słuchawce jej głos, z jego ust popłynął potok słów:

– Kochanie! Przepraszam cię za wszystko i obiecuję, że od dzisiaj będzie inaczej, lepiej. Ja będę lepszy. Wiem, że to brzmi jak szaleństwo, ale porozmawiamy, gdy wrócę do domu. Poznałem pewnego starszego pana i chciałabym, żebyś się z nim przywitała. Poczekaj chwilkę… – Henry podniósł wzrok, ale Jonesa już nie było. Mężczyzna rozejrzał się wokoło, usiłując odnaleźć staruszka, ale ten znikł bez śladu, zupełnie jakby rozpłynął się w powietrzu.

Henry'ego ogarnął dziwny żal, nie mógł bowiem wiedzieć, że Jones jeszcze z nim nie skończył.

VIII

Minęło kilka dni od rozmowy z ekscentrycznym staruszkiem i Henry Warren czuł się coraz bardziej zniechęcony. Spodziewał się, że otoczenie dość łatwo przywyknie do jego nowego oblicza, tymczasem było wręcz przeciwnie. Postanowił przeprosić osoby, które obraził, ale zdawało mu się, że przeprosiny nie zrobiły na nikim większego wrażenia. Jedna osoba wręcz wykorzystała tę sposobność do tego, by otwarcie powiedzieć Henry'emu, co myśli o nim i o jego skrusze. Nawet żona biznesmena nie przejawiała entuzjazmu, którego oczekiwał.

Henry'emu nigdy nie brakowało determinacji, więc i tym razem nie poddawał się łatwo. Był przekonany, że tamtego dnia podczas rozmowy z Jonesem coś się w nim zmieniło. Wierzył, że jest teraz zupełnie innym człowiekiem. Problem polegał na tym, że inni ludzie wcale nie byli skorzy do dzielenia tej pewności.

Tego ranka Henry klęczał na ziemi, własnoręcznie kładąc rury nawadniające przed wejściem do budynku, w miejscu, w którym miała zostać położona murawa. Pracował ramię w ramię z Ramónem, Juanita zaś odpoczywała w ciężarówce szefa, który kazał jej przeczekać w cieniu najgorszy skwar.

„Dzisiaj czwartek – myślał Ramón. – Pan Warren jest inny od poniedziałku, odkąd rozmawiał z nim Garcia. Kto by pomyślał, że szef każe Juanicie odpoczywać…" Ani Ramón, ani Juanita nie rozumieli, co właściwie się dzieje, wiedzieli tylko, że po raz pierwszy pan Warren pracuje razem z nimi. Do tej pory tylko przeklinał i wygrażał. A teraz? I kim jest ten starszy mężczyzna, którego Ricardo i Hugo nazywają Garcia? Co on ma wspólnego z tym wszystkim?

– Nie kładziesz przypadkiem tych rur za głęboko? – odezwał się znajomy głos.

Henry z drżącym sercem podniósł wzrok.

– Jones! – zawołał radośnie, zrywając się na nogi. – O rany! Ale się cieszę, że cię widzę! Na wszelki wypadek zakopujemy rury głębiej, niż chciał właściciel firmy budowlanej.

– To dobrze – odrzekł staruszek wyraźnie zadowolony.

– Masz może chwilkę? – spytał Henry. – Nie wiedziałem, jak się z tobą skontaktować, a… hmmm… chciałbym porozmawiać.

– Z miłą chęcią – odparł Jones. – Domyślam się, że do tej pory zdążyły się pojawić pierwsze pytania.

Henry poklepał Ramóna po ramieniu, uśmiechnął się, wskazał siedzącą w samochodzie Juanitę i automat z chłodzoną wodą.

– Przerwa – powiedział. – Dobra robota, Ramón. Chwila odpoczynku, okej?

Jones z trudem się powstrzymał, by nie roześmiać się w głos, widząc minę zaskoczonego i szczęśliwego jednocześnie Ramóna, który wciąż nie wiedział, czego może się spodziewać po „nowym" szefie. Staruszek ruchem głowy wskazał dąb i mrugnął do Henry'ego:

– Siądziemy pod naszym drzewem?

– Dobrze – zgodził się biznesmen i wyciągnął rękę, chcąc chwycić sfatygowaną walizkę przybysza. – Daj, pomogę ci.

– Nie, nie – zaprotestował Jones, chowając walizkę za siebie. – Może jestem stary, ale jeszcze trochę krzepy mi zostało! – Obrócił się i żwawym krokiem ruszył w stronę „sali konferencyjnej" w cieniu starego drzewa. Henry poszedł za nim.

Gdy sadowili się pod dębem, młody mężczyzna czuł, że rozpiera go szczęście. Nie posiadał się z radości, widząc Jonesa ponownie, i nie krył się ze swoimi uczuciami. Euforia nie trwała jednak długo – wystarczyło, że przypomniał sobie problemy, z jakimi zamierzał zwrócić się do staruszka, i od razu zmarkotniał. Nagła zmiana nastroju oczywiście nie uszła uwadze Jonesa, który zapytał:

– Co tam u ciebie?

– Dobrze. Wszystko w porządku – odpowiedział Henry odruchowo, po czym skrzywił się. – Prawdę mówiąc, to nie, wcale nie jest tak dobrze.

– Opowiadaj – zachęcił go Jones.

– Przeprosiłem kilka osób, a właściwie to całkiem sporo. Przede wszystkim żonę. Niektórych dostawców i przedsiębiorców. Całą swoją ekipę. Każdego z osobna! Ale… zdaje mi się, że niewiele to pomogło. Wciąż mają do mnie dystans – nawet moja żona… A raczej w szczególności moja żona. Jest w siódmym miesiącu ciąży… Chciałbym wszystko naprawić, zanim mały się urodzi.

Jones uśmiechnął się ze współczuciem.

– Wiem. Czyż nie byłoby cudownie, gdyby wszystko i wszyscy zachowywali się dokładnie tak, jak sobie tego życzymy? – Henry otworzył usta, chcąc coś powiedzieć, ale staruszek nie pozwolił sobie przerwać. – Posłuchaj, młodzieńcze, pracowałeś na swą obecną reputację przez lata, nie dziw się więc, że ludzie nie zmienią zdania na twój temat w ciągu kilku dni! – Jones przymknął jedno oko i wycelował palec w rozmówcę. – To zadanie może się okazać trudniejsze, niż myślałeś.

Henry przełknął ślinę, próbując przygotować się na to, co usłyszy od staruszka.

Jones zauważył, że młodego mężczyznę ogarnęło napięcie.

– Henry – powiedział, uśmiechając się wesoło – czy ktoś ci kiedyś mówił, że bardzo mocno wszystko przeżywasz?

Biznesmen zmarszczył brwi.

– Owszem.

– W takim razie ten ktoś miał rację. Wyluzuj trochę! – Henry zamrugał i nie wiedząc, co powiedzieć, nachmurzył się jeszcze bardziej. Jones roześmiał się głośno. – Od razu lepiej… – zażartował, ale już po chwili spoważniał. – Opowiedz mi teraz, w jaki sposób próbowałeś przeprosić tych wszystkich ludzi.

– Poczekaj, niech pomyślę… Swojej żonie, i wszystkim pozostałym, powiedziałem, że popełniłem wiele błędów, za które chciałbym ich teraz przeprosić…

Jones podniósł rękę.

– Wystarczy, młodzieńcze. Już wiem, w czym problem.

– Jak to? – zawołał Henry z niedowierzaniem. – Co niby powiedziałem nie tak?

Jones pomyślał przez chwilę, po czym zapytał:

– Widziałeś kiedyś osobę publiczną, polityka, prezesa dużej firmy albo aktora, który uwikławszy się w skandal, powiedział przed kamerą: „Popełniłem błąd, szczerze tego żałuję i przepraszam"?

Henry po krótkim namyśle skinął głową.

– Tak, widziałem.

– Czasami nawet w kilka lat po aferze wiele osób nie potrafi wybaczyć winowajcy i wyrażają rozczarowanie jego postawą, mimo że przeprosiny powtarzane są kilkakrotnie, często nawet z rozgoryczeniem: „Ile razy mam przyznawać się do błędu? Ile razy mam mówić, że mi przykro i że chcę za wszystko przeprosić!?".

– Bywa i tak.

– No właśnie – powiedział Jones, zmieniając pozycję i opierając się łokciem o walizkę. – A bywa tak dlatego, że ludzie czują, iż ten ktoś nie zdaje sobie sprawy z tego, co tak naprawdę zrobił. Bo w rzeczywistości nie chodzi o to, że pan X popełnił błąd, ponieważ wcale go nie popełnił. Ty również nie popełniłeś błędu! I w tym tkwi cały szkopuł.

Henry w skupieniu rozważał słowa Jonesa, ale w końcu musiał się poddać.

– Nic z tego nie rozumiem. Mógłbyś mówić trochę jaśniej? – poprosił.

– Kiedy popełniamy błąd – zaczął Jones – zazwyczaj wystarczy przeprosić, by załatwić całą sprawę. Czasami jednak przeprosiny nie przynoszą spodziewanych efektów i większość ludzi nie ma pojęcia, dlaczego tak się dzieje. A powód jest całkiem prosty: najwidoczniej to, co zrobili, nie było błędem, zwykłą pomyłką, ale świadomym wyborem… Wiele osób nie dostrzega różnicy między jednym a drugim.

– A na czym ona polega? – chciał wiedzieć Henry.

– Wyobraź sobie, że idąc przez las, zgubiłeś się. Zapada zmrok, nic nie widzisz i nie wiesz, że w pobliżu znajduje się głęboka przepaść. Nagle potykasz się, przewracasz, lądujesz na dnie przepaści i łamiesz sobie kark. To właśnie – Jones pokiwał głową – jest pomyłka.

Teraz wyobraź sobie inną sytuację. Jest środek słonecznego dnia. Spacerujesz po lesie, do którego nie wolno wchodzić. Widziałeś po drodze tablice ostrzegawcze z napisami: „Wstęp wzbroniony", ale uważasz, że uda ci się przejść przez las niezauważenie. Znów potykasz się, przewracasz i wpadasz do przepaści... Tym razem jednak łamiesz sobie kark nie przez przypadek, ale na skutek świadomego wyboru.

– Chcesz przez to powiedzieć, że moje działania były spowodowane wyborem, a nie pomyłką? – spytał Henry ponuro i retorycznie.

Jones przytaknął skinieniem głowy.

– W większości przypadków tak. Każdą sytuację musisz rozpatrzyć osobno. Nie było cię w domu w dniu urodzin żony? Dokonałeś wyboru. Obciąłeś robotnikom pensje? Także wybór. Położyłeś rury nawadniające zbyt płytko i po miesiącu wyszły na wierzch, a wszystko przez to, że za bardzo się spieszyłeś? To nie była pomyłka. Był to wybór, dlatego osoba, która cię zatrudniła, będzie cię postrzegać nie jako pechowca czy kiepskiego fachowca, ale jako człowieka nieuczciwego. Rozumiesz teraz, na czym polega różnica?

Henry był zdruzgotany.

– Niestety tak.

– To dobrze – powiedział Jones, zacierając ręce. – Teraz warto by się nauczyć, w jaki sposób reagować w tych dwóch różnych sytuacjach. Kiedy popełnisz błąd, zwykłe przeprosiny zazwyczaj wystarczą, by załatwić sprawę. Gdy jednak nieodpowiednie postępowanie było wynikiem wyboru, stosunki ze skrzywdzoną osobą można naprawić jedynie przez okazanie skruchy i próbę zadośćuczynienia. Jeśli na przykład w grę wchodzą pieniądze lub sprawy majątkowe, powinniśmy zaproponować rekompensatę szkód, ale i tak najważniejszym aktem, który pozwoli nam otworzyć nowy rozdział w życiu zawodowym i osobistym, jest akt szczerego żalu i prośba o wybaczenie.

– W takim razie chyba nie ma sensu, żebym prosił swoich pracowników o wybaczenie, prawda? – zapytał Henry. Znał odpowiedź, ale ciężko mu było ją do siebie dopuścić, instynktownie czuł, że jeśli to zrobi, całe jego życie ulegnie zmianie.

– Oczywiście że ma sens – stwierdził dobitnie Jones. – Wielu pracodawców mylnie sądzi, że przyznanie się do błędu przed swoimi pracownikami i prośba o wybaczenie, nawet w sytuacji, gdy złe wybory nie dotykały pracowników bezpośrednio, narazi ich na utratę autorytetu i osłabi pozycję w firmie. W rzeczywistości jednak skutek będzie zupełnie odwrotny. Utraty autorytetu obawiają się bowiem tylko ci, którzy nie potwierdzili swojego przywództwa właśnie przez akt skruchy i prośbę o wybaczenie.

Warto również pamiętać – dodał staruszek – że prosząc o przebaczenie, nigdy nie powinniśmy zaczynać od słów: „Jeśli cię uraziłem..." lub „Jeśli się myliłem...". Osoba, która faktycznie odczuwa wyrzuty sumienia, jest przekonana o swojej winie i wie na pewno, że kogoś uraziła lub że się pomyliła. A ludzie, których prosimy o wybaczenie, potrafią doskonale wyczuć, czy przeprosiny są szczere. Lepiej więc nic nie mówić niż gmatwać całą sprawę składaniem fałszywych oświadczeń.

– Wiesz – powiedział cicho Henry – mimo wszystko wciąż mi się zdaje, że łatwiej będzie wyprostować sprawy z pracownikami niż z żoną.

Staruszek wzruszył ramionami.

– Żona znaczy dla ciebie o wiele więcej. I rzeczywiście można się spodziewać, że naprawienie relacji z nią będzie nieco bardziej złożonym procesem. Im dłużej kogoś znamy, im więcej rzeczy, tych dobrych i tych trudnych, nas łączy, tym ciężej nam tę osobę przekonać, że faktycznie się zmieniliśmy. Pamiętaj, przebaczenie to coś zupełnie innego niż zaufanie i szacunek. Przebaczenie wiąże się z przeszłością, a zaufanie i szacunek z przyszłością. Przebaczenie zależy od innych i może być ci darowane, ale już zaufanie i szacunek zależą od ciebie... I musisz je sobie zdobyć. Możesz tego dokonać, pokazując żonie, że znów stałeś się mężczyzną, w którym niegdyś się zakochała.

Nagle Jones zmienił temat.

– Powiedz mi, młodzieńcze, jak będzie miał na imię twój syn?

Henry był tak bardzo skoncentrowany na słowach Jonesa, że dopiero po chwili otrząsnął się z zamyślenia, uśmiechnął się i odpowiedział:

– Żona chce mu dać na imię Kaleb, ale mogę spróbować ją przekonać, by nazwać małego Jones.

Staruszek roześmiał się i uniósł obydwie ręce w geście protestu.

– Nie, nie! Nie rób tego dziecku, Kaleb to piękne imię. Wiesz, od kogo pochodzi?

– Prawdę mówiąc, nie bardzo.

– Kaleb był człowiekiem wiary i honoru, dożył sędziwego wieku i to właśnie pod koniec życia okrył się największą chwałą, był zwycięskim starcem. Mógłbyś trochę poczytać na jego temat… Myślę, że zainteresowałyby cię jego losy. – Jones wyciągnął rękę, położył ją na głowie Henry'ego, po czym uśmiechnął się, przymknął oczy i powiedział: – Henry Warrenie… Twój syn Kaleb będzie wiódł długie i owocne życie. Będzie przewodnikiem, który wskaże drogę do długiego i owocnego życia innym ludziom. Kaleb będzie kochał i darzył szacunkiem swoich rodziców, będzie troszczył się o matkę i odczuwał dumę z powodu ojca.

Matka będzie pieścić Kaleba, wpoi mu nadzieję i wiarę we własne siły, okaże mu miłość, jaką tylko matczyne serce może okazać, a jej uczucie stanie się dla niego początkiem wszystkiego. Jednak to ojciec będzie stanowił przykład i inspirację dla syna. Kaleb będzie uważnie obserwował i naśladował ojca. Stanie się tym, kim będzie jego ojciec.

Jones nie odrywał wzroku od twarzy Henry'ego, po której spływały łzy.

– Ojej – powiedział młody mężczyzna zduszonym głosem. – To przerażające. Kaleb stanie się taki sam jak ja?

– Tak – potwierdził Jones. – A czy ty nie przypominasz swojego ojca?

– Czasami aż za bardzo…

– Jestem przekonany, że twój ojciec postępował najlepiej, jak umiał. Z pewnością jednak oczekiwał, że jego syn będzie żył jeszcze lepiej i mądrzej. Możesz usunąć pokoleniowe przekleństwo z życia Kaleba, usuwając wady ze swojego życia. W tym momencie posiadasz już odpowiednią perspektywę, by móc tego dokonać. Posiadasz możliwość wyboru i to od twojej decyzji zależy, czy staniesz się tym, kim pragniesz być. Jeśli trafnie wybierzesz, będziesz w stanie przenosić góry, które staną na twojej drodze, a pomogą ci w tym osoby, które z czasem zaczną cię kochać i nauczą się ciebie szanować za to, kim się stałeś.

Zanim jednak do tego dojdzie, musisz ponieść konsekwencje niektórych swoich czynów. Nie będzie to łatwe. Część ludzi nie zaufa ci ponownie zbyt szybko i z powodu twojej przeszłości będą ostrzegali przed tobą innych. Jedno mogę ci obiecać: jeżeli z odwagą stawisz czoło konsekwencjom, jeśli będziesz szczerze żałował swoich postępków i prosił o przebaczenie, w końcu przekonasz do siebie nawet najbardziej zatwardziałych wrogów.

I nigdy nie zapominaj, że nawet w najtrudniejszych i pełnych zwątpienia chwilach jesteś dla Kaleba wzorem do naśladowania... jego bohaterem... opoką i latarnią... przewodnikiem, który pomoże mu pójść w ślady wielkiego imiennika, zwycięskiego starca.

Henry przez chwilę wpatrywał się w ziemię, rozważając w skupieniu słowa Jonesa, po czym podniósł wzrok i spojrzał staruszkowi prosto w oczy.

– Już wybrałem – powiedział zdecydowanie. – Zrobię, co należy.

Jones przyjrzał się wnikliwie młodemu mężczyźnie, chcąc się upewnić, czy ten mówi prawdę. Badanie najwidoczniej przyniosło pozytywny wynik, ponieważ staruszek rozpromienił się, energicznie skinął głową, wstał i wyciągnął dłoń. Henry ujął ją niezgrabnie i patrzył wyczekująco na Jonesa, aż wreszcie postąpił krok w przód, objął staruszka i uścisnął go mocno.

– Nigdy cię nie zapomnę – powiedział zduszonym głosem.

Gdy Jones z walizką w ręku ruszył w stronę drogi, Henry Warren pochylił głowę i po raz pierwszy od wielu lat zaczął się modlić. Prosił o siłę, odwagę, mądrość i dar zrozumienia. Przyrzekał, że od tej chwili będzie dobrym mężem, a wkrótce także dobrym ojcem. Obiecywał również, że stanie się dobrym szefem oraz prawdziwym, lojalnym przyjacielem.

I podziękował za staruszka o imieniu Jones.

IX

Cześć! Dzwonek zawieszony przy wejściu do sklepu Pack N' Mail w Orange Beach zadźwięczał srebrzyście, gdy otwarłem drzwi i wszedłem do środka. Pack N' Mail to jeden z najoryginalniejszych sklepów w okolicy. Można tu nadawać listy i paczki jak na zwykłej poczcie, ale poza tym niewielki sklepik oferuje książki, upominki, puzzle i słodycze, którymi kusi przechodzące dzieciaki. Oprócz tego właściciel posiada wyłączność na rozprowadzanie moich ulubionych (w domu nie noszę nic innego) koszulek z wizerunkiem Wilka Morskiego – groźnie wyglądającego psa o drewnianej nodze i z charakterystyczną przepaską na oku.

Pack N' Mail pełni również funkcję, jaką w dawnych czasach miał męski zakład fryzjerski. Tuż obok znajduje się kafejka Beignet, a kurier firmy UPS zagląda do sklepiku kilka razy dziennie, nic więc dziwnego, że właściciel przybytku Ted oraz jego pracownik Lynn są na bieżąco ze wszystkimi plotkami z okolicy. Zarówno Ted, siwiejący mężczyzna w średnim wieku o radosnym usposobieniu, jak i Lynn, roztrzepany młodzik o kasztanowych włosach, są osobami powszechnie znanymi i lubianymi przez mieszkańców Orange Beach. Słysząc moje pozdrowienie, obydwaj zerwali się z miejsca i jednocześnie zawołali:

– Cześć, Andy!

– Możemy ci w czymś pomóc? – zapytał Ted. – Czy wpadłeś tylko pogadać?

– Pogadać – odpowiedziałem z uśmiechem. – Idę na lunch i zajrzałem na chwilkę, żeby się przywitać.

– Co dziś będzie? Chińszczyzna?

– Mhmm – przytaknąłem. – A ty nie jesteś głodny?

– Głodny, ale zbyt zajęty, żeby coś zjeść. Parę minut temu widziałem przez szybę Jonesa. Może uda ci się go dogonić, to twój kumpel, nie?

– Lubię tak o nim myśleć – odrzekłem. – Zawdzięczam mu więcej, niż mogłoby się zdawać. W którą stronę poszedł?

– Do Jenny – Ted ruchem głowy wskazał kierunek.

Chiński Smok to jedna z kilku knajpek, do których miejscowi lubią chodzić na lunch. Prowadzi ją młoda Azjatka, która prawie nie mówi po angielsku. Z tego co wiem, gdyby zapisać jej imię w alfabecie łacińskim, zaczynałoby się ono na literę X, S, Z lub G, ale kiedy kobieta się przedstawia, większość ludzi słyszy słowo łudząco podobne do swojsko brzmiącego imienia „Jenny". Dlatego tak właśnie nazywamy naszą uroczą restauratorkę, a na jej lokal mówimy po prostu „u Jenny".

Jenny przyjmuje zamówienia, podaje jedzenie, obsługuje kasę, sprząta i nakrywa stoliki, uzupełnia napoje i co chwila odbiera telefony od osób zamawiających dania na wynos. Zdaje się, że sama także gotuje, ponieważ nikomu jeszcze nie udało się zobaczyć kucharza, który kryłby się w malutkiej kuchni na zapleczu. We wszystkich tych zajęciach pomaga jej jedynie młody, wygadany Meksykanin Abraham. Wszyscy za nim przepadają, a i on sam lubi dosiąść się do gości, by zabawiać ich rozmową podczas posiłku. Imię tego młodego człowieka także stało się przedmiotem żartów, bynajmniej nie z jego właściciela, ale z naszej małej, zaściankowej społeczności. Gdzie indziej, jak nie u nas, przechwalamy się, można zjeść chińszczyznę w towarzystwie Meksykanina o żydowskim imieniu?

Gdy stanąłem w progu knajpki, moim oczom ukazał się znajomy widok. W ciemnym wnętrzu tłoczyło się mnóstwo ludzi rozmaitego pokroju – od robotników budowlanych, przez biznesmenów i wielbicieli surfingu, po emerytów – a między stolikami jak zwykle lawirowała Jenny, w jednej ręce trzymając tacę z pustymi naczyniami, w drugiej zaś ściskając telefon. Kiedy mnie zobaczyła, pomachała i wskazała pierwszy boks po prawej stronie, tuż przy wejściu. Jako że wszedłem do słabo oświetlonej restauracyjki prosto z zalanej słońcem ulicy, przez chwilę nie widziałem zbyt dobrze, dlatego nie zauważyłem staruszka, który siedział tak blisko, że mógł mnie uszczypnąć.

Poznałem go dopiero, gdy faktycznie mnie uszczypnął.

– Jones! – podskoczyłem, on zaś roześmiał się w głos, po czym wstał i objął mnie serdecznie.

– Tak myślałem, że cię tu znajdę – powiedział.

Starałem się do tego przywyknąć, ale mimo wszystko wciąż zdumiewały mnie nasze przypadkowe spotkania i zagadkowe słowa Jonesa. Przecież wyjechałem z domu zaledwie piętnaście minut wcześniej i prawdę mówiąc, sam do końca nie byłem pewny, gdzie tego dnia zjem lunch. Pytałem go o to już kilkakrotnie, ale i tym razem nie mogłem się powstrzymać:

– Jones? Jak ty to robisz, że mnie zawsze znajdujesz?

Staruszek wzruszył ramionami.

– Po prostu przychodzę do restauracji, siadam, czekam, a za parę minut pojawiasz się ty... ot, i cała filozofia. – Zachichotał, widząc moją minę.

Zamówiłem smażony ryż z warzywami i zupę wonton, natomiast Jones skusił się na wołowinę w sosie teriyaki. Popijając colę, rozmawialiśmy o mojej rodzinie i pracy. Opowiedziałem mu o ostatnim wykładzie, jaki wygłosiłem przed kilkutysięczną publicznością złożoną z samych biznesmenów. Zdziwił się, gdy mu zdradziłem, że mówiłem między innymi o nim.

– Wątpię, bym był aż tak bardzo interesującym tematem do rozważań – skrzywił się.

Zanim zdążyłem zaprotestować, podeszła do nas Jenny, zamiast jednak wypisać nam rachunek, padła na kolana obok Jonesa. Czułem się nieco skrępowany, patrząc jak kobieta ujmuje w dłonie rękę staruszka, po czym nachyla się i mówi mu coś prosto do ucha. Wśród gwaru restauracji zdołałem złowić jedynie kilka wyrazów, i to wypowiedzianych nie po angielsku, ale w ojczystym języku Jenny. Jones wydawał się słuchać uważnie, kilka razy skinął głową. Po chwili kobieta wstała, ukłoniła się i z namysłem powiedziała:

– To zaszczyt, ja nigdy nie zapomnieć... że spotkać ciebie, Chen. – Ukłoniła się ponownie i szybko wróciła do pracy.

Cała sytuacja była dość dziwna i niezręczna, przynajmniej dla mnie. Kiedy Jones znów skierował swoje niesamowite spojrzenie na mnie, starałem się z jego oczu coś wyczytać, nie mogłem jednak znaleźć nic prócz niewzruszonego spokoju, miłości, delikatności i niezwykłej przenikliwości. Przez ułamek sekundy zdawało mi się, że dostrzegłem w nich także odrobinę smutku, ale miałem nadzieję, że się pomyliłem. Podziwiałem tego staruszka i czułem przed nim respekt, ale jednocześnie traktowałem jak kogoś, kogo trzeba chronić i otaczać opieką.

– Wszystko w porządku? – spytałem, nie wiedząc właściwie, co powiedzieć.

– Tak – uśmiechnął się lekko. – Jak najbardziej.

Wrócił do jedzenia, ja zaś wahałem się przez chwilę, ale w końcu nie wytrzymałem i zapytałem:

– Zrozumiałeś, co mówiła do ciebie Jenny?

Staruszek podniósł wzrok znad talerza i przeszył mnie tym samym spojrzeniem, które zauważyłem u niego przed chwilą.

– Tak – odrzekł spokojnie.

– Czy dobrze zrozumiałem, że nazwała cię Chen?

– Tak – powtórzył.

Zastanowiłem się przez moment, zanim zadałem kolejne pytanie.

– Gdyby Abraham chciał zwrócić się do ciebie po imieniu… czy nazwałby cię Garcia?

Jones skinął głową.

– Najprawdopodobniej tak.

Nagle aż mi zaparło dech w piersiach. Znajoma twarz staruszka zaczęła się bowiem na moich oczach zmieniać, przekształcać, mimo że jednocześnie wciąż była taka sama! Już w przeszłości zdarzało mi się zastanawiać nad pochodzeniem Jonesa, ponieważ zauważyłem u niego zarówno rysy typowe dla przedstawicieli białej, jak i czarnej rasy. A może była to tylko kwestia subiektywnego postrzegania rzeczywistości, o czym tyle razy staruszek wspominał. Jednak w tym momencie byłem pewny, że twarz Jonesa ulega metamorfozie: gdy w myślach nazwałem go Garcia, na jego twarzy uwydatniły się rysy latynoskie, kiedy zaś wymówiłem w duchu imię Chen, mógłbym przysiąc, że siedzi przede mną człowiek o azjatyckich korzeniach.

Nawet w chwili gdy spisuję te słowa, trudno mi pojąć i przekazać, co właściwie widziałem wtedy w restauracji. Było to jedno z najdziwniejszych doświadczeń w moim życiu, ale także jeden z tych nielicznych momentów, w których uzyskujemy większe zrozumienie. Z zamyślenia wyrwał mnie głos Jonesa:

– Dokończ jedzenie. Mamy coś do załatwienia. – Czar prysł.

Zupełnie straciłem apetyt, przełknąłem więc kilka kęsów i oznajmiłem, że się najadłem. Położyłem na stoliku pieniądze, poczekałem, aż Jones weźmie swoją nieodłączną walizkę, po czym wyszliśmy na zewnątrz i ruszyliśmy w stronę samochodu.

– Dokąd pojedziemy? – zapytałem, przyspieszając kroku, by nadążyć za staruszkiem.

– Jedź wzdłuż plaży – nakazał. – Na zachód.

W samochodzie Jones zdrzemnął się, tak mi się przynajmniej zdawało. Zamknął oczy i nic nie mówił, ja zaś trzymałem się jego polecenia – jechałem wzdłuż plaży na zachód – i milczałem. Po dziesięciu minutach staruszek nagle otworzył oczy i rzucił:

– Skręć tutaj.

Posłuchałem go, tym bardziej że wiedziałem już, dokąd mnie prowadzi. Byliśmy z powrotem w miejscu naszego pierwszego spotkania, w okolicach molo, które niedawno zamknięto z powodu remontów, jakie trzeba było przeprowadzić po ostatnich sztormach. Parking był pokryty piaskiem i zupełnie pusty.

Zwolniłem i zatrzymałem się, zaś Jones przez cały czas przyglądał mi się uważnie, tak jakby chciał sobie coś przypomnieć, jednak nie odezwał się ani słowem. Wysiadł z samochodu i przeszedł przez parking, a gdy wszedł na plażę, skierował się w stronę molo, tam gdzie z piasku wyrastają betonowe słupy. Szedłem za nim, chociaż nie wiedziałem, czy życzy sobie mojej obecności, ale tłumaczyłem sobie, że gdyby było inaczej, przykazałby mi zostać w aucie...

Jones zatrzymał się przy molo. Kiedy do niego dołączyłem, znów obrzucił mnie badawczym spojrzeniem, ale nic nie powiedział. Dopiero po chwili do moich uszu dobiegł dziwny dźwięk. Wśród wrzasków mew i szumu bijących fal usłyszałem wyraźny płacz. Dochodził on spod betonowej konstrukcji, z wykopanej w piasku jamy, którą wciąż jeszcze widuję w snach. Niedawno minęło południe i słońce grzało z całą mocą, ja jednak poczułem, że przechodzą mnie dreszcze.

Jones wszedł pod molo, ja zaś machinalnie ruszyłem za nim, usiłując odegnać od siebie irracjonalną myśl o podróży w czasie. Kiedy jednak wzrok przyzwyczaił się do panującego pod betonowym podestem półmroku, z ulgą przekonałem się, że moje obawy były przedwczesne i to, co widzę, nie jest obrazkiem z mojej przeszłości, mimo że widok przedstawia się całkiem znajomo.

Zobaczyłem młodego, bosego mężczyznę w krótkich spodenkach i podkoszulku. Siedział na ziemi ze skrzyżowanymi nogami, ukrył twarz w dłoniach i zanosił się przeraźliwym szlochem. Jego płacz tak bardzo przypominał moje rozpaczliwe łkania sprzed lat, że poczułem, jak ogarnia mnie zapomniane uczucie beznadziei. Zrobiło mi się niedobrze.

Chłopak musiał nas usłyszeć, ponieważ podniósł głowę. Był tak zaskoczony i wystraszony zarazem, iż przez ułamek sekundy pomyślałem, że albo ucieknie, albo rzuci się na nas. Tak się jednak nie stało, gdyż Jones, który stał między mną i chłopakiem, wyciągnął rękę... a chłopak ją chwycił.

– Podejdź do mnie, młodzieńcze – powiedział staruszek. – Chodź tu bliżej, do światła.

Pamiętałem te słowa. W ten sam sposób dziwny nieznajomy zwrócił się do mnie niemal trzydzieści lat temu. „Chodź tu bliżej, do światła". Wtedy nie rozumiałem prawdziwego znaczenia tych słów, teraz zaś zastanawiałem się, czy ów młody mężczyzna domyśla się, że to krótkie zdanie stanowi zapowiedź ogromnych zmian, jakie zajdą w jego życiu.

Chłopak podszedł do nas, odkaszlnął i głośno wytarł nos rękawem. Jego ciemne, długie włosy były potargane, ale czyste. Kąpie się w basenie przy hotelu, zawyrokowałem. Miał około dwudziestu lat, był chudy, ale wyglądał na silnego. Widać było także, że całe dnie spędza na słońcu, ponieważ jego skóra była ogorzała jak u rybaków.

– Płaczesz z jakiegoś konkretnego powodu? – zapytał Jones.

Chłopak nie odpowiedział, za to raz jeszcze pociągnął nosem i zapytał:

– Chcecie mnie aresztować?

Jones spojrzał na mnie i rzekł:

– Szkoda, że nie wpadł na to, że chcę go okraść – po czym zwrócił się do młodzieńca: – Czy oprócz podprowadzenia kilku puszek coli i włóczenia się nocą po terenach prywatnych masz coś jeszcze na sumieniu?

Chłopak pokręcił przeczącą głową.

– W takim razie wszystko w porządku… Jasonie – powiedział Jones znacząco. – Nie musisz się mną przejmować. Poza tym jestem stary i chyba nie myślisz, że dałbym ci radę? – Staruszek wyciągnął przed siebie ręce i kilka razy machnął nimi w powietrzu niczym zawodowy bokser.

Młodzieniec mimowolnie się uśmiechnął, ale po chwili znów spoważniał.

– Skąd wiesz, jak mam na imię? – zapytał podejrzliwie. – I kim w ogóle jesteś?

– Nazywam się Jones. Nie pan Jones, ale po prostu Jones. A to jest Andy – wskazał mnie nieznacznym ruchem głowy.

– Skąd wiesz, jak się nazywam? – nie ustępował chłopak.

– To nic wielkiego – machnął ręką staruszek. – Obserwuję cię od dawna.

„Zupełnie to samo powiedział wtedy do mnie…"

– Młodzieńcze – ciągnął Jones, zapewne nieświadomy skojarzeń, jakie wywołały u mnie jego słowa – jeśli zdecydujesz się uszczuplić swoje zapasy i poczęstować nas puszką coli, będziemy mogli zacząć.

Jason nawet nie drgnął.

– Co niby mamy zacząć? – spytał zaczepnie.

– Musimy zacząć zauważać pewne rzeczy – wyjaśnił spokojnie Jones. – Musimy zgłębić twoją duszę. I znaleźć odpowiednią perspektywę.

Chłopak wciąż patrzył na nas nieufnie.

– Nie wiem, o czym mówisz…

Jones obrócił się i puścił do mnie oko, po czym odpowiedział Jasonowi:

– Jestem mistrzem w obserwowaniu – wyznał. – Taki mam dar. Jedni potrafią pięknie śpiewać, drudzy szybko biegać, ja zaś zauważam rzeczy, których inni nie dostrzegają, mimo że większość z nich znajduje się na wyciągnięcie ręki. – Staruszek zadarł głowę. – Widzę sytuacje i ludzi z pewnej perspektywy. Tego właśnie brakuje większości osób: głębszego wglądu, szerszej perspektywy. Dlatego staram się ofiarować im nowy punkt widzenia, który pozwala zatrzymać się, popatrzeć na życie z boku i zacząć od nowa.

Jones i Jason przez dłuższą chwilę wpatrywali się w siebie, aż w końcu młodzieniec obrócił się i ciężko poczłapał w stronę wykopanej w piasku jamy, z której powrócił, niosąc trzy puszki. Jedną zatrzymał dla siebie, drugą podał Jonesowi, trzecią zaś cisnął we mnie. Złapałem puszkę i złowiłem spojrzenie chłopaka. Obydwaj wiedzieliśmy, że rzucił colę o wiele za mocno. „Agresja i pełno złości – pomyślałem. – Skąd ja to znam…" Incydent nie uszedł oczywiście uwadze Jonesa, ale staruszek nie zareagował.

– Dzięki za colę – powiedział, po czym odwrócił się do mnie i uśmiechnął się chytrze. – Masz dobry refleks.

Pokiwałem tylko głową i odpowiedziałem kwaśnym uśmiechem. Musiałem nieźle się napracować, by nie stracić panowania i nie rzucić puszką w chłopaka.

– Nie masz rodziny, co? – Jones zagadnął młodzieńca.

– Skąd wiesz?

Staruszek wzruszył ramionami, jakby chciał powiedzieć: „Wszyscy o tym wiedzą", ale w tym samym momencie spojrzenia moje i Jasona znów się spotkały i znów obydwaj wiedzieliśmy, że losy chłopaka wcale nie były aż tak powszechnie znane.

– Umarli... Odeszli... Co za różnica? – warknął młody.

Jones rozważył w duchu słowa chłopaka, pokiwał głową i stwierdził:

– Przykro mi, że tak się czujesz, ale jeśli chodzi o twoją przyszłość, to... masz rację, żadna różnica.

Odpowiedź staruszka rozwścieczyła Jasona jeszcze bardziej.

– O czym ty mówisz?

– Jak to o czym? – Jones udał zdziwienie. – Po prostu zgadzam się z tobą. Niezależnie od tego, jak w przeszłości ułożyło nam się życie, wszyscy mamy wpływ na kształt swojej przyszłości. Nie to właśnie miałeś na myśli?

Jason milczał, ja zaś musiałem uważać, by nie roześmiać się w głos. Staruszek zapędził młodego w kozi róg, ale chłopak usiłował jeszcze się z tego wywinąć i przedstawić sprawę po swojemu.

– Posłuchaj. Moja sytuacja jest beznadziejna, z dnia na dzień pogarsza się jeszcze bardziej i niech tak zostanie, dobrze?

Jones pokręcił przecząco głową.

– Nie, niedobrze – odparł. – Wybacz, ale nie chcę, by tak zostało.

– Co? – warknął młody z charakterystyczną dla siebie opryskliwością, która coraz bardziej wyprowadzała mnie z równowagi.

Jones zauważył to.

– Prawdę mówiąc – rzekł, wpatrując się w chłopaka intensywnie – łatwiej by nam było rozmawiać, gdybyś zamiast: „co?", zapytał: „słucham?", ale do tego dojdziemy później. Teraz zaś skupmy się na jednym: powiedziałeś, że twoja sytuacja pogarsza się z dnia na dzień. Zdaje się, że z twojej strony było to zaledwie rzucone na potrzebę chwili hasło, ja zaś chciałbym, byś zrozumiał, że w rzeczywistości tak jest.

– Jak? – pogubił się Jason.

– Że twoja sytuacja z dnia na dzień się pogarsza – wyjaśnił cierpliwie staruszek. – I to pod wieloma względami: fizycznym, finansowym, emocjonalnym. Jest coraz gorzej.

– Nie, nie wierzę – powiedział chłopak szyderczo.

– Jak to się dzieje? – zdziwił się Jones. – Kiedy ty o tym mówisz, uważasz to za prawdę, ale gdy ja za tobą powtarzam, twierdzisz, że to nieprawda?

Jason nie wiedział, co powiedzieć, nie odezwał się więc wcale. Muszę przyznać, że Jones miał o wiele więcej cierpliwości do chłopaka niż ja. Wiedziałem jednak, do czego staruszek zmierza, drążąc temat o pogarszającej się sytuacji.

Jones wziął głęboki wdech.

– Młodzieńcze – zaczął – czy zgodzisz się ze mną, że życiowe szanse, akceptacja i wsparcie pochodzą od otoczenia?

Jason nie odpowiedział od razu.

– Nie jestem pewien, o co ci chodzi – przyznał.

Staruszek rozwinął swoją myśl.

– Czy zgodzisz się ze mną, gdy powiem, że życiowe szanse, możliwość rozwoju i osiągnięcia finansowe pojawiają się dzięki innym ludziom? Że akceptację i wsparcie w różnych formach otrzymujemy również od ludzi? To prawda, że każda z osób, które spotykamy w życiu, została postawiona na naszej drodze w innym celu, ale ogólnie rzecz ujmując, to właśnie od ludzi otrzymujemy szanse i wsparcie? Prawda?

– Chyba tak…

– Żadnych chyba – powiedział Jones twardo. – Czy zgadzasz się, że życiowe szanse, akceptacja i wsparcie pochodzą od otoczenia? Tak czy nie?

– Tak.

– Doskonale! – wykrzyknął staruszek. – Teraz chciałbym, żebyś spróbował połączyć jedno z drugim. Skoro twoja sytuacja pogarsza się z dnia na dzień, być może ma to coś wspólnego z faktem, że otrzymujesz coraz mniej szans i wsparcia, które mógłbyś wykorzystać?

– Chyba tak… To znaczy, może to i prawda.

– Jeśli zatem wiesz, że życiowe szanse, akceptacja i wsparcie pochodzą od otoczenia, dlaczego ty ich nie otrzymujesz?

Jason przez chwilę wpatrywał się w staruszka.

– Nie mam pojęcia, ale założę się, że zaraz mi powiesz.

– Oczywiście że powiem – uśmiechnął się Jones. – Nie otrzymujesz od ludzi tego, czego potrzebujesz, z bardzo prostej przyczyny. Nikt nie chce się z tobą zadawać.

W tym momencie napiąłem mięśnie, by w razie potrzeby błyskawicznie skoczyć do przodu i zasłonić staruszka własnym ciałem, podejrzewałem bowiem, że ze strony chłopaka zaraz nastąpi atak i to bynajmniej nie słowny. Okazało się jednak, że się pomyliłem. Jason tylko zaciął wargi i wbił wzrok w ziemię.

– Akurat w to mogę uwierzyć – wycedził, po czym uniósł głowę i powiedział coś, co zupełnie mnie zaskoczyło: – Ale czy mogę coś na to poradzić?

– O tym pomówimy za chwilę – zastopował go Jones. – Najpierw chcę, byś się dowiedział, że istnieje również druga strona medalu. Zapewne zdajesz sobie sprawę z tego, że są na świecie ludzie, którym z dnia na dzień powodzi się coraz lepiej. Spotkałeś kiedyś kogoś takiego?

Jason słuchał staruszka w skupieniu, ja zresztą również.

– Znasz kogoś – ciągnął Jones – komu życie po prostu samo się układa? Otwierają się przed nim kolejne możliwości, nie ogarnia go zniechęcenie. Uwierz mi, tacy ludzie naprawdę istnieją. I jak myślisz, dlaczego właśnie oni dostają więcej szans i wsparcia niż inni?

Nie trzymając nas długo w niepewności, staruszek sam odpowiedział na swoje pytanie.

– Dzieje się tak, ponieważ ci szczęściarze przyciągają do siebie ludzi! Są weseli, zadowoleni z życia i pod wieloma względami fascynujący. Działają na innych niczym magnes, a otoczenie odpłaca im się, udzielając wsparcia i stwarzając szanse. Dlatego właśnie osoby te dostają więcej niż, dajmy na to, ty.

Znów stałem się czujny, przeczuwając atak ze strony Jasona, ale nic takiego nie nastąpiło.

– Rozumiem – odparł chłopak spokojnie. – Ale czy mogę coś na to poradzić?

– Oczywiście – zapewnił go Jones. – Wystarczy, młodzieńcze, że staniesz się osobą, z którą ludzie będą chcieli przebywać! Właśnie zdradziłem ci największy sekret sukcesu. Przed osobą, która jest ceniona w towarzystwie, świat stoi otworem. To właśnie ona zdoła umówić się na spotkanie z każdym dyrektorem lub kierownikiem. Dlaczego? Ponieważ ceni ją i szanuje asystent dyrektora i sekretarka kierownika! To ta osoba dostaje zlecenia, na których jej zależy, to ona kupuje z rabatem i sprzedaje z zyskiem. Dostaje dodatkową pomoc, dodatkowy czas i premię. Ludzie wierzą jej na słowo i gotowi są dać drugą szansę. A wszystko dlatego, że jest lubiana.

– Może jestem trochę tępy – odezwał się wreszcie Jason – ale wciąż nie rozumiem, w jaki sposób mogę stać się taką osobą. Wierzę, że mówisz prawdę, chociaż dalej nie wiem, dlaczego mówisz to wszystko akurat mnie, ale powiedz mi teraz, co powinienem z tym zrobić. Jak mam się zmienić? Skąd mam wiedzieć, co zmienić?

Jones pochylił się w kierunku Jasona, a ja razem z nim. Nie chciałem uronić ani słowa. Przeczuwałem, że staruszek przekaże teraz chłopakowi te same prawdy, które kiedyś ujawnił mnie – proste instrukcje będące w stanie odmienić całe życie!

– Jasonie – powiedział Jones powoli i wyraźnie – sądzę, że powinieneś codziennie zadawać sobie pytanie: „Co takiego zmieniliby we mnie inni, gdyby mogli?". Odpowiedź na nie daje niezwykle ważny wgląd w samego siebie. Jak myślisz, młodzieńcze, co zmieniliby w tobie inni, gdyby mogli?

Chłopak powtórzył pytanie za Jonesem:

– Co zmieniliby we mnie inni, gdyby mogli? – Zmarszczył brwi, po czym spytał: – A jeśli znajdę odpowiedź… ale nie będę chciał zmienić akurat tej rzeczy?

Staruszek roześmiał się.

– W takim razie warto, byś pamiętał, że… pytanie nie brzmi, co ty byś zmienił, ale co inni by zmienili! Jeśli chcesz, żeby ludzie w ciebie uwierzyli, najpierw postaraj się sprawić, żeby cię po prostu lubili.

Spróbuj przyjrzeć się sobie ze wszystkich stron i zastanowić się, co takiego zmieniliby ludzie w twoim ubiorze. Co by zmienili w zachowaniu? A co w sposobie zwracania się do nich? I tak dalej, i tak dalej. Rozumiesz, o co mi chodzi?

– Rozumiem – przytaknął Jason. – A jeśli chodzi o sposób zwracania się do ludzi... przed chwilą mnie poprawiłeś, powiedziałeś, że zamiast: „co?" lepiej byłoby powiedzieć: „słucham?"... Czemu?

– Cóż – zaczął Jones – zasadniczo nie ma wielkiej różnicy między odpowiedzią: „tak" i „tak, proszę pana". Jeśli chcemy zaprzeczyć, możemy powiedzieć: „nie" lub „nie, proszę pani" i w obydwu wypadkach będziemy zrozumiani... Wiesz, o czym mówię?

– Wiem.

– W większości przypadków ludziom jest obojętne, w jaki sposób im odpowiesz, ale badania wykazały, że istnieje pewien odsetek osób – niechby choć dwadzieścia procent – które uważają, że zwrócenie się do nich per „pan, pani" jest oznaką szacunku.

Skoro więc zamierzasz stać się osobą lubianą, może warto pomyśleć o tych dwudziestu procentach, których przychylność łatwo zdobyć przez zwykłą uprzejmość? To tylko jeden z przykładów.

Kolejny będzie dotyczył przekleństw. Niektórym nie przeszkadza, gdy podczas rozmowy od czasu do czasu użyjesz mocniejszego słowa, ale są także takie osoby, które zupełnie nie tolerują przeklinania. Być może ty sam uważasz, że nie ma nic złego w sporadycznym sięgnięciu po silniejsze środki wyrazu, jeśli jednak chcesz, by inni dobrze się czuli w twoim towarzystwie, warto dbać o dobór słów.

Jason uśmiechnął się.

– Załapałem. To znaczy, zrozumiałem.

– Wiem – Jones odpowiedział mu uśmiechem. – Młodzieńcze, masz przed sobą wspaniałą przyszłość. I wierz mi, kiedyś stwierdzisz, że ten „najgorszy okres" życia był niezwykle pożyteczny. Nawet najtrudniejsze czasy mają swoją wartość i z biegiem lat zaczynamy je doceniać, bywa nawet, że uznajemy je za najlepszy okres swojego życia. Dobrze, żebyś wiedział, Jasonie, że urodziłeś się, by dokonać wielkich zmian na świecie. Rozumiesz, co chcę przez to powiedzieć?

– Chyba… chyba tak – odrzekł chłopak z przejęciem. – I… i naprawdę chciałbym coś zmienić.

– O to nie musisz się martwić, jakieś zmiany na pewno spowodujesz. – Staruszek przymrużył oczy. – Sęk w tym, czy będą to zmiany na lepsze, czy też nie. A to, przyjacielu, zależy już tylko i wyłącznie od ciebie. Jeśli zaś chodzi o mnie – Jones mrugnął do chłopaka – to przewiduję, że dokonasz wspaniałych rzeczy! – Staruszek wyciągnął rękę, by uścisnąć dłoń Jasona. – Muszę już iść – oświadczył, otwierając walizkę w taki sposób, byśmy nie mogli zajrzeć do środka – ale mam coś dla ciebie. – Urwał i spojrzał na chłopaka. – Czytasz?

– Tak – odrzekł Jason, po czym wyszczerzył zęby w uśmiechu i poprawił się: – To znaczy tak, proszę pana, czytam.

Jones również się uśmiechnął.

– To dobrze – wymamrotał, wydobywając z walizki trzy niewielkie książki w sztywnych pomarańczowych oprawach. Wyciągnąłem szyję, by sprawdzić, czy zobaczę na nich znajome tytuły. Tak, to były one. Nieco bardziej podniszczone, ale te same, które trzydzieści lat temu dostałem od Jonesa. *Winston Churchill. Will Rogers. George Washington Carver.*

Kilka minut później wyszedłem spod molo na plażę. Byłem podekscytowany jak nigdy wcześniej. Chciałem powiedzieć chłopakowi, jakie ma szczęście, że mógł porozmawiać w ten sposób z Jonesem. Chciałem go zapewnić, że jeśli tylko uwierzy w siebie i zacznie nad sobą pracować, jego życie ulegnie diametralnej zmianie. Przyznam również, że w tamtym momencie oddałbym naprawdę wiele za te trzy stare książki – pragnąłem zabrać je ze sobą do domu, położyć na biurku i móc w każdej chwili do nich zajrzeć. Wiedziałem jednak, że przyniosą one o wiele więcej pożytku, jeśli trafią w ręce kolejnego młodego człowieka i przemówią do jego serca i rozumu.

Kiedy się wyprostowałem i odwróciłem, by spojrzeć na Jonesa, okazało się, że staruszek nie szedł za mną. Przez chwilę nasłuchiwałem uważnie, sądząc, że wrócił jeszcze do chłopaka, by przekazać mu ostatnie wskazówki, ale wśród szumu fal nie udało mi się wyłowić znajomego głosu. Postanowiłem obejść molo – być może, pomyślałem, staruszek czeka na mnie po drugiej stronie – jednak tam również nikogo nie zastałem. Pokręciłem głową i roześmiałem się, po czym zawróciłem w stronę parkingu. Przypuszczałem, że jak zwykle za kilka dni lub tygodni znów natknę się na Jonesa w najmniej spodziewanym momencie.

Jednak już następnego ranka wiedziałem, że tym razem mój przyjaciel odszedł na dobre.

X

Czternaście po ósmej zadzwonił telefon. Tej nocy pracowałem do świtu, dlatego wciąż jeszcze spałem. Odebrała moja żona, która wstała wcześniej i zajmowała się chłopcami. Obudził mnie jej dotyk, a gdy otworzyłem oczy i rozejrzałem się półprzytomnie, zobaczyłem, że Polly trzyma w ręku słuchawkę.

– Kochanie? – żona ścisnęła mnie delikatnie za ramię.

– Słucham? – wymamrotałem, po czym przewróciłem się na bok i przetarłem oczy.

Polly znów dotknęła mojego ramienia.

– Obudź się, kochanie – powiedziała. – Dzwoni Ted z Pack N' Mail. Chyba jest zdenerwowany i mówi, że koniecznie musi z tobą porozmawiać.

Zmarszczyłem brwi i pokręciłem głową, usiłując otrząsnąć się z resztek snu.

– Która godzina? – spytałem.

– Piętnaście po ósmej.

– Dobrze.

Polly podała mi telefon, ale nie odeszła. Podparłem się na łokciu i utkwiłem spojrzenie w zatroskanej twarzy żony.

– Cześć, Ted – rzuciłem.

– Cześć, Andy – usłyszałem w słuchawce. – Przepraszam, że zawracam ci głowę…

– Nie zawracasz mi głowy. Co tam?

– Nie wiedziałem, do kogo się z tym zwrócić – zaczął Ted – a nie chciałem dzwonić na policję.

W tym momencie ochota na spanie zupełnie mi przeszła. Usiadłem na łóżku i zapytałem z niepokojem:

– Co się stało?

– Może to wcale nic takiego… – zawahał się sklepikarz.

– Ted!

– Dziś rano na parkingu znalazłem walizkę Jonesa. Stała na samym środku placu. A staruszek gdzieś przepadł.

Nie wiedziałem, co powiedzieć. Do głowy cisnęły mi się dziesiątki pytań. Może Jones zachorował? Może zapomniał walizki? Może ktoś mu ją ukradł i porzucił na parkingu? Czy walizka znaleziona przez Teda na pewno należała do niego?

– Wziąłeś ją ze sobą? – chciałem wiedzieć.

– Nie – odparł Ted niepewnie. – Sklepy i restauracje jeszcze pozamykane, nie ma więc zbyt wielu samochodów, a ja… po prostu nie chciałem jej ruszać. Myślisz, że powinienem ją zabrać z parkingu?

– Może lepiej nie – odrzekłem po chwili zastanowienia. – Poczekaj na mnie, zaraz tam będę.

Szybko wyjaśniłem Polly w czym rzecz, włożyłem koszulkę i spodenki kąpielowe, które w naszym miasteczku uchodzą za szorty, wyczyściłem zęby, ucałowałem żonę i chłopaków i pięć minut później byłem już w drodze.

Gdy minęło kolejne siedem, wjechałem na parking, na którym zgromadziła się już niewielka grupa gapiów. Ted miał rację. Samochodów faktycznie było mało, a ludzie, którzy obstępowali walizkę kołem, przyjechali do pracy wcześniej.

Zaparkowałem auto, wysiadłem i rozejrzałem się. Ted trzymał straż przy walizce. Obok niego stali Susan i Clay z pobliskiego supermarketu Winn-Dixie, dalej Jenny, Abraham i Al, właściciel kawiarni. Nikt z zebranych nie rozmawiał, nikt nawet nie przywitał się ze mną, gdy podszedłem, mimo że wszystkie oczy zwróciły się w moją stronę.

Przystanąłem obok Teda i przez chwilę wpatrywałem się w niego z wyczekiwaniem, szybko jednak zrozumiałem, że zdezorientowany sklepikarz liczył na to, że przejmę inicjatywę. Uklęknąłem przy walizce.

– Czy ktoś jej dotykał? – spytałem głośno.

– Nie, nie – odezwały się głosy. Nikt nie odważył się jej ruszyć.

Rozumiałem ich, ponieważ ja sam również nie paliłem się do tego. Dziwne… Wszyscy widzieliśmy walizkę wiele razy i często o niej rozmawialiśmy. Zastanawialiśmy się, dlaczego Jones nie pozwala nikomu jej nieść i dba o to, by nikt nie zajrzał do środka, gdy ją otwiera. Teraz zaś, gdy ów tajemniczy przedmiot znajdował się na wyciągnięcie ręki, żadne z nas nie miało odwagi go dotknąć.

Walizka była wysłużona i wytarta do gładkości. Kiedyś zapewne miała ciemnobrązowy kolor, ale z biegiem lat wyblakła. W całości pokrywała ją siateczka cieniutkich pęknięć, przez co przywodziła mi na myśl twarz staruszka... Delikatną i twardą zarazem, zahartowaną przez czas i trudy życia.

Ostrożnie położyłem rękę na walizce, ale nie zdecydowałem się jej podnieść, cofnąłem dłoń. Gdy powiodłem wzrokiem po zebranych, zobaczyłem, że do naszego kręgu dołączyło kilka nowych osób. Tom i Becky z apteki, kilka dziewczyn z salonu piękności i paru chłopaków ze sklepu ze sprzętem wędkarskim. Wszyscy patrzyli i czekali, chociaż nikt z nas nie wiedział, czego tak naprawdę mamy się spodziewać. Jedno było pewne – wiadomość o znalezieniu walizki Jonesa rozchodziła się bardzo szybko.

– Zabrać ją stąd? – spytałem i wszyscy jednogłośnie stwierdzili, że tak, trzeba ją wnieść do środka.

Wstałem i spojrzałem na Teda, ten zaś postąpił krok do tyłu, pokręcił głową i rzekł krótko:

– Ty.

Podniosłem więc walizkę staruszka – była zdumiewająco lekka, chociaż raczej nie całkiem pusta – i ruszyłem na czele kilkunastoosobowego korowodu w stronę kawiarni Beignet. Gdy weszliśmy do środka, delikatnie położyłem neseser na jednym ze stolików. W kafejce nagle zrobiło się tłoczno, ponieważ wszystkie osoby, które były na parkingu, postanowiły towarzyszyć nam w przenosinach. Al jako gospodarz poczuł się w obowiązku podać nam kawę, więc już po chwili siedzieliśmy przy stolikach, popijając gorący napój i wpatrując się w umieszczoną w centralnym punkcie sali walizkę.

– Moi sąsiedzi chcieli się rozwieść – Clay przerwał panującą od dłuższej chwili ciszę. – Jones ich od tego odwiódł. – Spojrzeliśmy na niego, on zaś wzruszył ramionami. – Teraz mi się przypomniało i pomyślałem, że wam powiem – usprawiedliwił się.

– Myślicie, że nic mu się nie stało? – zapytała Susan, patrząc na mnie. – Chodzi mi o to, czy nie leży gdzieś nieprzytomny, ze złamaną nogą, albo coś w tym rodzaju.

– Nie wiem – odpowiedziałem szczerze. – Mam nadzieję, że nie... Sądzę, że nie. Wszyscy wiemy, jaki jest Jones. Pojawia się nagle to tu, to tam, potem równie nagle znika. Nigdy nie wiadomo, gdzie i kiedy będzie można go zobaczyć. – Urwałem, po czym dodałem: – Tyle tylko, że zawsze zabierał walizkę ze sobą. – Znów kilkanaście par oczu skierowało się w stronę tajemniczego nesesera, który coraz mniej nas fascynował, a coraz bardziej niepokoił.

W tym momencie otwarły się drzwi i do pomieszczenia weszło następnych kilka osób, między innymi Robert Craft oraz Barry i Jan Hansonowie. Robert przysunął krzesło i usiadł obok mnie.

– Słyszałem, co się stało – powiedział, po czym spytał cicho: – Są jakieś wiadomości? – Pokręciłem przecząco głową.

Al przyniósł talerze z firmowymi pączkami i nalewał kawy nowo przybyłym, a tych z każdą minutą pojawiało się coraz więcej: John i Shannon Smithowie, Mike i Melanie Martinowie, Jonathan i Debra Langstonowie, Alan i Karen McBride'owie, Granthamowie, Millerowie, Norwoodowie, cała rodzina Wardów i Kaiserów... i wielu innych, których nazwisk nie znałem. Wszyscy nerwowo popijali kawę, ale mało kto sięgał po pączki, mimo że był to miejscowy przysmak.

– Hej, słuchajcie – odezwałem się głośno, ponieważ nagle przyszła mi do głowy pewna myśl. – Zastanawiam się, czy może ktoś z was wie, gdzie Jones nocuje. Gdzie się zatrzymuje? Czy został kiedyś u kogoś w domu na noc? – Odpowiedziały mi cisza i spojrzenia pełne niepokoju. – Trudno – westchnąłem. – Musiałem spróbować…

– Wiesz – powiedział Ted – gotów byłbym rzucić wszystko i iść go szukać, ale nie mam zielonego pojęcia, gdzie rozpocząć poszukiwania.

– Słuchajcie – tym razem uwagę wszystkich zwrócił na siebie Alan. – Jones znikał już nie raz. Przecież bywało, że nie widywaliśmy go miesiącami. – Popatrzyliśmy na niego znacząco, on zaś poruszył się niespokojnie na krześle. – Tak, wiem – przyznał. – Nigdy nie znikał bez walizki.

Neseser leżał na stole i odkąd go tam położyłem, nikt go nie dotykał ani nawet zbytnio się do niego nie zbliżał.

Drzwi znów się otworzyły i w progu zobaczyłem Jasona, chłopaka spod molo, w towarzystwie kilku rybaków z przystani. Przywitałem go skinieniem głowy, on zaś nieśmiało mi pomachał.

– Pewnie nikt z nas nie wie, skąd staruszek pochodzi… – odezwał się ktoś.

Nikt nie wiedział.

– Na krótko zanim spotkałem Jonesa, myślałem, że wszystko już skończone – powiedział Jake Conner. – Pewnie nie jest to żadną tajemnicą, że byłem na skraju bankructwa.

Wszystkie głowy zwróciły się w stronę siedzącego z tyłu kawiarni mężczyzny. Jake Conner? Bankrutem? Cóż, dla mnie było to tajemnicą i sądząc po minach ludzi zebranych w kafejce, dla nich również. Jake należał do najzamożniejszych przedsiębiorców w okolicy. I jeśli wierzyć plotkom, również do najbardziej skąpych.

Jednak kilka lat temu chytry dusigrosz z dnia na dzień stał się hojny i wielkoduszny – nikt nie wiedział, z jakiego powodu. Najwyraźniej dziś mieliśmy się tego dowiedzieć.

Jake zaczął swoją opowieść:

– Nigdy wcześniej nikomu o tym nie mówiłem. Właściwie powinienem zacząć od tego, że to ja sam miałem zamiar ze wszystkim skończyć, zwłaszcza ze sobą. Minął termin spłacenia poważnych należności, giełda akurat przeżywała załamanie i finansowo stałem bardzo kiepsko. Byłem przerażony, nie wiedziałem, co robić... Pewnego wieczoru odcumowałem więc swoją Mistee Linn i pod osłoną nocy wypłynąłem z portu. – Wszyscy wiedzieliśmy, że mówi o swoim dwudziestosześciometrowym jachcie, który zwykle cumował w zatoczce Terry.

Przez kilka godzin stałem na górnym pokładzie, rozmyślając, użalając się nad sobą i usiłując zebrać siły, by wykonać to, co zaplanowałem. Zamierzałem bowiem włączyć autopilota, ustawić sto osiemdziesiąt stopni, kurs prosto na południe, i wyskoczyć za burtę. Kiedy skończyłoby się paliwo, ktoś znalazłby jacht, a wtedy firma ubezpieczeniowa uznałaby całą sprawę za wypadek i szybko wypłaciła ubezpieczenie. Nikt nie mógłby udowodnić, że było to samobójstwo i... no tak... – Jake urwał i przez chwilę milczał, zapatrzony w obrazy z przeszłości, których nikt z nas nie mógł i chyba nie chciał zobaczyć.

Milczenie przerwał Roger Kaiser.

– Ale jesteś tu z nami, Jake – zauważył cicho. – Dlaczego tego nie zrobiłeś?

Jake spojrzał na Rogera i uśmiechnął się dziwnie, jak gdyby sam nie wierzył w to, co miał zamiar powiedzieć.

– Nie zrobiłem tego, ponieważ nagle ktoś poklepał mnie po ramieniu i powiedział, żebym tego nie robił. Tym kimś był Jones. – Jake urwał i dopiero po chwili dodał: – Myślałem, że dostanę zawału, kiedy poczułem dotyk czyjejś ręki.

Widzicie… Jestem na sto procent pewien, że staruszka nie było na łodzi, kiedy wypływałem z portu. Nie było go, nie mogło go być. Setki razy wracałem myślami do tamtego wieczoru i wiem, że byłem sam na jachcie. Może i miałem depresję, ale przecież nie zwariowałem!

– Twój jacht jest naprawdę duży, Jake – mruknął sceptycznie Roger. – Sporo na nim pomieszczeń…

Jake westchnął głośno.

– Dobrze, niech wam będzie. Myślcie sobie, co chcecie… Ja i tak wiem swoje. Tamtej nocy rozmawiałem z Jonesem przez kilka godzin, aż do rana. Kiedy zawróciłem do portu, wciąż miałem długi, ale zyskałem nowe spojrzenie na całą sytuację – nową perspektywę, jak mawiał Jones. Udało mi się postawić firmę na nogi. Wszystko pospłacałem. I jestem teraz innym człowiekiem. Nigdy później nie widziałem staruszka, aż do teraz, kiedy znów zaczął kręcić się po okolicy. Kiedy to było? Sześć, siedem tygodni temu?

Usiłowałem szybko dokonać obliczeń w pamięci. Zgadza się, Jones pojawił się w mieście niecałe dwa miesiące temu.

– Pamiętacie mojego Harrisona…

Wszystkie głowy zwróciły się w stronę kobiety siedzącej pod ścianą, obok półki z książkami. Była to Nancy Carpenter, sześćdziesięciokilkuletnia wdowa. Znałem ją z banku, gdzie pracowała jako kasjerka, oraz z różnych akcji charytatywnych, w które zawsze się angażowała. Jej mąż Harrison, z zawodu sędzia sądu do spraw spadkowych, zmarł kilka lat temu po długiej i ciężkiej walce z rakiem płuc. Tak, zdaje się, że wszyscy zebrani znali Harrisona Carpentera.

Nancy wstała z krzesła.

– Harisson zmarł trzy lata temu, dokładnie za miesiąc przypada trzecia rocznica… – głos jej się nagle załamał i przez chwilę milczała, usiłując opanować emocje. – Kiedy rozejrzałam się po sali dziś rano – podjęła w końcu cicho – zobaczyłam wiele osób, które uczestniczyły w ostatniej drodze mojego męża. Zapewne przez uprzejmość nikt z was nigdy mnie o to nie zapytał, ale prawdopodobnie zastanawialiście się, dlaczego Harrison został pochowany z widelcem w dłoni. A może po prostu tego nie zauważyliście…

Nie zauważyliśmy? Nancy chyba żartowała. Przez miesiąc całe miasto mówiło tylko o tym! Od tamtej pory za każdym razem, gdy w rozmowach przewijał się temat pogrzebu, wiadomo było, że ktoś wspomni faceta leżącego w trumnie z widelcem. Nancy jednak miała rację. Nigdy nie odważyliśmy się jej o to zapytać. Darzyliśmy sympatią zarówno ją, jak i jej męża, i nie chcieliśmy wracać do tamtych chwil. Teraz jednak wszyscy nadstawiliśmy uszu!

– Tak jak Jake – Nancy zerknęła na przedsiębiorcę siedzącego kilka stolików dalej – nigdy wcześniej nikomu o tym nie mówiłam. – Wzięła głęboki wdech. – Na kilka miesięcy przed… ech… przed odejściem Harrison bardzo cierpiał. Fizycznie również, ale przede wszystkim psychicznie. Spaliśmy w oddzielnych pokojach. Nie zdarzyło się to nam przez trzydzieści osiem lat małżeństwa, ale pod koniec życia Harrison zażywał lekarstwa, które nie pozwalały mu zasnąć, poza tym ciągle kaszlał, więc postanowiliśmy, że najlepiej będzie, jak się przeniosę... – Nancy urwała, pogrążając się we wspomnieniach, które nagle stanęły jej przed oczami. Jednak po chwili równie raptownie podjęła opowieść: – Co ja to mówiłam? Aha. Było mu bardzo ciężko. Nie pogodził się z myślą o nadchodzącej śmierci. Ja oczywiście również. Sądziliśmy, że nie można się z tym pogodzić. Harrison przestał wstawać z łóżka i całymi dniami płakał, a ja razem z nim.

Pewnego razu obudziłam się w środku nocy i usłyszałam, że Harrison się śmieje. Po chwili z jego pokoju dobiegł mnie również inny, obcy głos.

Początkowo myślałam, że mąż ogląda telewizję, ale po paru minutach wstałam i poszłam sprawdzić, co się dzieje. – Nancy uniosła głowę, jak gdyby chciała, żeby tę część opowieści dobrze usłyszeli wszyscy obecni. – Uchyliłam drzwi do pokoju męża i zobaczyłam Jonesa. Oczywiście wtedy nie wiedziałam, kim jest ów staruszek, który niepostrzeżenie wkradł się do naszego domu, więc przeraziłam się nie na żarty.

Podbiegłam do telefonu, żeby zadzwonić na policję, ale nie mogłam się połączyć z komisariatem. Po drodze sprawdziłam drzwi wejściowe i okazało się, że były zamknięte od środka na łańcuch. Próbowałam zadzwonić na policję z komórki, ale wyładowała mi się bateria. Wtedy pomyślałam, że może Harrison wpuścił tego człowieka do domu. Co prawda od wielu dni nie wstawał z łóżka, więc nie przypuszczałam, by był w stanie dojść do drzwi, ale... – wzruszyła ramionami.

Siedzieliśmy bez ruchu i wpatrywaliśmy się w Nancy. W kawiarni panowała absolutna cisza, którą od czasu do czasu przerywał jedynie odgłos otwierających się drzwi i ciche kroki kolejnych mieszkańców miasteczka.

– Weszłam do pokoju męża. Jones przedstawił się i powiedział, że jest najlepszym przyjacielem Harrisona, a mąż to potwierdził, chociaż byłam pewna, że zarówno ja, jak i on widzimy staruszka po raz pierwszy w życiu. Harrison wydawał się jednak taki spokojny... może nawet pogodny... że o nic nie pytałam, usiadłam na krześle w rogu pokoju i słuchałam.

Rozmawiali i rozmawiali. W końcu Jones zapytał Harrisona o mamę. Mama męża zmarła przed naszym ślubem i nie miałam okazji jej poznać, ale wiele o niej słyszałam, Harrison bardzo ją kochał. Jones powiedział: „Pamiętasz, Harrison? Pamiętasz, jak twoja mama nakrywała do stołu na święta?". Mąż przymknął oczy i uśmiechnął się. Dawno nie widziałam go uśmiechniętego tak radośnie... Zdawało mi się, że rozmowa ze staruszkiem, sam dźwięk jego głosu, przynosi mężowi ulgę.

Potem Jones spytał: „Harrison, pamiętasz, co twoja mama przygotowywała na święta? Szynkę, indyka, bataty, drożdżówki, groszek? Gotowała purée kukurydziane, robiła sos żurawinowy i tę zieloną galaretkę warzywną". W tym momencie pochyliłam się w ich stronę – relacjonowała Nancy – ponieważ staruszek mówił coraz ciszej i wciąż przypominał mojemu mężowi: „Ale wszyscy i tak najbardziej czekali na deser, prawda? Twoja mama była mistrzynią w pieczeniu ciast. Orzechowce, kokosowce, jabłka w cieście... A te ciasteczka z cukrem? Prawdziwe delicje. Ale ty najbardziej zajadałeś się plackiem nadziewanym dynią, pamiętasz?".

„A pamiętasz – spytał Jones – co mówiła twoja mama, gdy sprzątała ze stołu po obiedzie? Pamiętasz, Harrison? Co mówiła, zanim podała deser? Zbierała talerze, ale zawsze wam przypominała: nie odkładajcie widelców… najlepsze dopiero przed wami!".

Na policzkach Nancy zalśniły dwie wilgotne smużki.

– Mówiłam już – ciągnęła, nie ocierając łez – że nigdy wcześniej nikomu o tym nie wspominałam. Jones, zanim wyszedł, pocałował mojego męża w głowę i powiedział: „Nie musisz się już bać, Harrison. I nie odkładaj widelca. Najlepsze dopiero przed tobą".

Milczeliśmy, nikt się nawet nie poruszył, nie było nic do dodania. Dopiero po chwili raz jeszcze odezwała się Nancy.

– Ja również nie widywałam już potem Jonesa, aż do teraz. I to ja… włożyłam Harrisonowi widelec w rękę, kiedy umarł. Poprosił mnie o to przed śmiercią. – Znów dumnie uniosła głowę. – I cieszę się, że to zrobiłam. Bo naprawdę w to wierzę… że najlepsze dopiero przed nami.

Znów zapanowała cisza i przez kilka minut zdawało się, że już nikt nie zabierze głosu. Okazało się jednak, że było jeszcze wiele do powiedzenia, odezwała się bowiem kolejna osoba, i kolejna, i przez następne trzy godziny ludzie snuli historie, w których zawsze pojawiał się Jones albo Garcia, albo Chen. Jeszcze kiedy mówiła Nancy, do kawiarni weszła Polly i zachęciła mnie, bym powiedział, ile dla mnie znaczył Jones i w jaki sposób go poznałem.

Pat Simpson, który przyszedł ze swoją żoną Claudią, pokrótce przedstawił nam historię swojego spotkania z Jonesem. Dowiedzieliśmy się, że jeszcze jako młody chłopak Pat miał problemy, z których wyciągnął go właśnie staruszek.

Podobne relacje usłyszeliśmy z ust kilku innych osób.

Brandon, siedemnastoletni syn Sharon Tyler, spotkał Jonesa, gdy miał czternaście lat. Podczas przejażdżki samochodem z dwoma starszymi kolegami uległ wypadkowi. Od tamtego czasu chłopak zarzekał się, że w drodze z miejsca wypadku do szpitala towarzyszył mu pewien starszy mężczyzna, mimo że ratownicy medyczni, którzy jechali w karetce razem z Brandonem, twierdzili, iż oprócz nich nikogo w ambulansie nie było. Gdy kilka tygodni temu Jones znów pojawił się w mieście, chłopak zapewnił mamę, że to ten sam staruszek, którego pamięta z karetki.

Boyd Crawford zdradził nam, że pewnej nocy dziesięć lat temu wyciągnął Jonesa z wody. Boyd łowił razem z synem krewetki w zatoce Wolf i w ciemnościach omal nie staranował łódką mężczyzny, który później przedstawił mu się jako Jones. Na początku Boyd myślał, że ocalił staruszkowi życie, ale po latach zrozumiał, że to Jones uratował ich – Boyda i jego syna.

– Ja i młody non stop darliśmy ze sobą koty, powoli zaczynaliśmy się nienawidzić. Nie chcieliśmy tego, ale nie umieliśmy przestać, coś nam odbiło. Żona wypłakiwała przez nas oczy. I dopiero ten facet zrobił coś takiego, że odpuściliśmy – nawet nie wiem, co nam powiedział. Wiem tylko, że kiedy zrobiło się jasno i zawracaliśmy do domu, popłakaliśmy się z młodym jak dwa bobry. A gdy tylko wysiedliśmy na brzegu i zaczęliśmy ładować skrzynki na pakę, staruszek ulotnił się. Więcej go nie widziałem... aż do tej pory.

Po kilku godzinach wszyscy opowiedzieli już swoje historie, a przynajmniej te ich fragmenty, którymi chcieli podzielić się z innymi. Gdy rozejrzałem się po sali, zobaczyłem, że w niewielkiej kafejce tłoczy się około stu osób, a każdą z nich łączy coś z moim starym przyjacielem. Kiedy to sobie uświadomiłem, ogarnęło mnie zdumienie i wzruszenie.

Prawdę mówiąc, po wysłuchaniu tych wszystkich opowieści miałem mętlik w głowie. Wynikało z nich, że Jones zazwyczaj pojawiał się tam, gdzie się go nie spodziewano, po czym znikał w równie nieoczekiwany sposób. Przede wszystkim jednak uderzał fakt, że staruszek wkraczał do akcji w momentach kryzysowych, wręcz krytycznych, w których tylko nadzwyczajna okoliczność mogła odwrócić bieg zdarzeń. Stało się tak nie tylko w moim przypadku – sytuacja ta dotyczyła wszystkich osób zgromadzonych tego dnia wokół walizki Jonesa.

Spojrzałem na twarze ludzi. Wiedziałem, gdzie większość z nich pracuje, i wiedziałem też, że większość z nich powinna być już w pracy – zegar wskazywał godzinę jedenastą, ale mimo to nikt nie ruszył się z miejsca. Niektórzy prowadzili własną działalność gospodarczą, ale skoro byli w kawiarni, ich sklepy i zakłady musiały być zamknięte. Część osób przybyła do kafejki razem z dziećmi, którym pewnie dawno już zaczęły się lekcje.

Znów zerknąłem na zegarek, po czym spojrzałem pytająco na Polly, która stała w drugim końcu sali. Żona przymknęła oczy i skinęła głową, a wtedy wziąłem głęboki wdech i wstałem.

– Nikt z nas nie potrafi skontaktować się z Jonesem, prawda? – zapytałem głośno. Odpowiedziało mi milczenie. – Czy może ktoś wie, na jaki adres odesłać walizkę, tak by trafiła w ręce staruszka? – Znów cisza. – W takim razie, jeśli nie macie nic przeciwko temu – zaproponowałem ostrożnie – myślę, że powinniśmy ją otworzyć. Nie jest zamknięta na klucz, nie trzeba będzie się włamywać. Może w środku znajdziemy jakąś wskazówkę... jakiś adres... cokolwiek.

Wszyscy zebrani zgodzili się ze mną, podszedłem więc bliżej walizki i odwróciłem ją w swoją stronę. Wstrzymaliśmy oddech, na sali panowała taka cisza, że w najodleglejszym kącie słychać było szczęk otwieranych zatrzasków, skrzypnięcie i miękkie pacnięcie – wieko walizy odskoczyło, tworząc dwucentymetrową szczelinę, przez którą wyślizgnęła się na stolik niewielka paczuszka nasion.

Tłum zafalował i zbliżył się do mnie, ludzie stojący w dalszych rzędach wyciągali szyje, by sprawdzić, co wypadło z walizki. Chwyciłem paczuszkę, obejrzałem ją i podniosłem do góry tak, by wszyscy mogli ją zobaczyć. Była to zwykła torebka z nasionami, jedna z tych, których setki oferują sklepy ogrodnicze. Na paczce widniał napis: „Nagietki".

Kiedy oglądałem torebkę, ktoś niechcący potrącił stolik, na którym stała walizka, i ze szczeliny wypadły kolejne dwie paczuszki. Były takie same jak pierwsza, z tym że jedna zawierała nasiona pomidorów, a druga lwich paszcz.

Podniosłem je i podałem Tedowi, który stał obok.

– Dalej – zachęcił mnie. – Otwórz walizkę szerzej.

Posłuchałem go.

Kiedy uchyliłem wieko, oczom stojących najbliżej ukazał się stos kolorowych torebek z nasionami. Było ich tak wiele, że część z nich z chwilą otwarcia walizki wysypała się na stolik i na podłogę.

Sięgnąłem po kolejne paczki. Kabaczki. Margerytki. Ogórki. Niezapominajki. Oleander. Wrzos. Cynie. Okra. Arbuzy. Rzepa. Malwy. Lilie. Pelargonie. Dynie. Irysy. Dzwonki. I konwalie. W walizie musiało mieścić się kilkaset torebek z nasionami i Bóg wie ile odmian roślin.

Ludzie cisnęli się do walizki, przeglądali paczuszki i po cichu wymieniali uwagi, dopóki Dave Winck nie znalazł na samym dnie małej, białej koperty. Znów zapanowała cisza. Daliśmy Dave'owi znak, by ją otworzył.

W środku znajdowała się złożona na pół kartka papieru. Dave uniósł ją wysoko, by wszyscy mogli zobaczyć, po czym oznajmił:
– To list. Od niego. – Wyciągnął kartkę w moją stronę. – Przeczytaj. Dobrze by było, gdybyśmy wysłuchali go razem.

Wziąłem list od Dave'a i uśmiechnąłem się, gdy usłyszałem na sali nerwowe pochrząkiwania. Sam również z trudem opanowałem ogarniające mnie wzruszenie i zapewne osoby stojące najbliżej zauważyły, że drżą mi ręce. Kartkę pokrywało staranne, choć nieco chwiejne pismo staruszka. Zacząłem czytać na głos:

Drodzy przyjaciele!

Przebywam wśród Was od dawna i przejmuję się Waszym losem bardziej, niż przypuszczacie. Nawet jeśli czasami mnie nie widzieliście czy też nie wyczuwaliście mojej obecności, ja byłem blisko – patrzyłem na Was i słuchałem uważnie.

Czas, który macie spędzić na tym świecie, to wielki dar i warto mądrze go wykorzystać. Nie roztrwońcie go, nie zmarnujcie Waszych słów i myśli. Pamiętajcie, że każda, nawet najprostsza, czynność, jaką wykonujecie, ma ogromne znaczenie nie tylko dla Was, ale i dla innych, i ma wpływ na życie wielu osób... teraz i w przyszłości.

Nie sądzę, byśmy się spotkali w najbliższym czasie, ale wierzę, że ziarno, które zasiałem w Waszych sercach i umysłach, wykiełkuje i przyniesie obfity plon w postaci umiejętności spojrzenia na świat z nowej perspektywy. Jestem pewien, że w trudnych momentach odpowiednia perspektywa jest cenniejsza niż złoto czy diamenty.

W chwilach próby większość ludzi szuka odpowiedzi. Czasami znajduje się ona na wyciągnięcie ręki, ale nie dostrzegamy jej, ponieważ brak nam perspektywy. Wielu z Was doświadczyło tego we własnym życiu. Wielu z Was zrozumiało również prawdę, której inni nie potrafią pojąć: często w sytuacjach kryzysowych nie możemy znaleźć odpowiedzi, ponieważ w tym konkretnym momencie odpowiedź jeszcze nie istnieje!

W ciężkich czasach ludzie najbardziej potrzebują perspektywy, ponieważ przynosi ona spokój, a spokój pomaga jasno myśleć. Jasność myśli pozwala nam znaleźć nowe rozwiązania, te zaś stanowią zaczyn odpowiedzi. Niech w Waszych sercach i głowach zawsze panuje jasność. Perspektywę można równie łatwo zyskać, co stracić.

Chciałbym, żeby nasiona, które zostawiłem, przypominały Wam na każdym kroku, że macie obowiązek zasiać własne ziarno w sercach i umysłach ludzi, z którymi się stykacie. Jeśli czujecie, że macie wobec mnie dług wdzięczności, możecie go spłacić, dobrze żyjąc i pracując.

Nie żegnam się z Wami. Będę kręcił się w okolicy. Najlepsze dopiero przed nami.

Jones

Po długiej chwili milczenia w kawiarni zaczął się ruch. Wszyscy chcieli przeczytać list osobiście. Gdy kończyli lekturę, brali po torebce nasion, po czym wychodzili do pracy, do szkoły lub do domu. Ostatnie kilka paczuszek wziąłem ja, Al i Ted.

Od tamtej pory trzymamy się niepisanej umowy, na mocy której walizka przechodzi z rąk do rąk i każdy może przechowywać ją u siebie przez jakiś czas. Czasami leży u Teda w sklepie, tak by osoby zaglądające do Pack N' Mail mogły ją obejrzeć i dotknąć. Potem wędruje do kafejki Ala lub sklepu Wall Decor Teda i Kathryn. Wiem, że przez kilka tygodni wystawiona była w Sea N Suds oraz w sklepie Roberta Cratfa dla zawodowych graczy w golfa. Widziałem ją nawet w aptece Claya i Toma w Winn-Dixie.

Ja zaś nie mogę się powstrzymać, by nie przyglądać się uważnie każdemu starszemu panu o siwych włosach. Pewnie wciąż mam nadzieję. Uśmiecham się, gdy widzę wysokie łodygi kukurydzy posadzonej przy skrzynce pocztowej sąsiadów lub arbuzy pośrodku rabatki przed czyimś domem. Wystarczy rozejrzeć się po ogródkach mieszkańców naszego miasteczka, by przekonać się, że pamięć o staruszku i jego słowach przetrwała. Ludzie zasadzili nasiona, które znaleźliśmy w walizce, i pielęgnują je równie starannie jak ziarno, które zasiał w ich duszach staruszek. Ziarno, z którego wykiełkowała w nas pewność, że jeśli spojrzymy z odpowiedniej perspektywy na siebie i innych, w każdej chwili będziemy mogli zatrzymać się, popatrzeć na życie z boku i zacząć od nowa, pamiętając, że najlepsze dopiero przed nami. Ten właśnie najwspanialszy dar, dar nowej perspektywy, otrzymaliśmy od staruszka o imieniu Jones.

PRZEWODNIK CZYTELNIKA

W niezwykłej opowieści napisanej przez autora bestsellerów Andy'ego Andrewsa pełne mądrości wskazówki Jonesa pomagają młodemu Andy'emu dokonać radykalnych zmian w życiu – bezdomny chłopak mieszkający pod molo staje się szanowanym, odnoszącym sukcesy zawodowe i osobiste mieszkańcem miasteczka. Z czasem okazuje się, że Andy nie jest jedyną osobą, której los odmienił się pod wpływem spotkania z tajemniczym staruszkiem...

Niniejszy przewodnik został stworzony po to, by umożliwić czytelnikom jak najlepsze zrozumienie idei „perspektywy", do której tak często odwołuje się Jones. Pytania zawarte w przewodniku mogą zostać wykorzystane podczas dyskusji w grupie lub w trakcie osobistych rozważań. Autor ma nadzieję, że odpowiednia perspektywa oraz wnioski wyciągnięte z lekcji zawartych w każdym rozdziale pomogą czytelnikom wieść wyjątkowe życie oraz zachęcą do dzielenia się swoimi doświadczeniami z innymi.

PYTANIA OGÓLNE

1. Jeśli mógłbyś zadać Jonesowi jedno pytanie, o co byś zapytał? Jak myślisz, jaką odpowiedź byś otrzymał? Jakiej rady mógłbyś mu udzielić?

2. Czy myślisz, że łatwiej jest opowiedzieć o swoich problemach ludziom, których prawie nie znamy?

3. Dlaczego twoim zdaniem Andy zatytułował książkę *Mistrz*?

4. Dlaczego staruszek wolał, żeby zwracać się do niego na ty? Czy „Jones" to jego imię, czy nazwisko i jaką stanowi to różnicę?

5. W jaki sposób mógłbyś przekazywać myśli Jonesa osobom, które potrzebują nowego spojrzenia na życie?

ROZDZIAŁ I

1. Co by się stało, gdybyś codziennie zadawał sobie to samo pytanie, które zadał Jones Andy'emu podczas pierwszego spotkania („Co by zmienili we mnie inni, gdyby mogli?"). Stwórz listę dziesięciu cech, które inni zmieniliby w tobie, gdyby mogli. Postaraj się określić, którą z wymienionych rzeczy zmieniliby w pierwszej kolejności.

2. W rozdziale I Jones przypomina nam: „To, co pielęgnujemy, rośnie". Czy istnieją w twoim życiu obszary, na których powinieneś skupić się mniej lub bardziej?

3. W rozdziale I Jones mówi: „A co byś pomyślał, gdybym ci powiedział, że owszem, twoje złe wybory i decyzje przyczyniły się do tego, iż obecnie koczujesz pod molo, ale tak poza tym właś-

nie tu, a nie gdzie indziej, powinieneś się znajdować, po to żeby w przyszłości zdarzyło się coś, o czym teraz nie możesz nawet mieć pojęcia?". Czy zdarzyło ci się przeżyć doświadczenie, które dopiero z czasem zaczęło nabierać sensu i bez którego nie mógłbyś znaleźć się w miejscu, w którym jesteś obecnie? Opowiedz o tym.

ROZDZIAŁ II

1. Dlaczego podczas spotkania w Sea N Suds Jones nie chce przypisać sobie zasługi za sukces Andy'ego? Mówi jedynie: „Poznałem Andy'ego, kiedy był znacznie młodszy niż teraz". Kto jest odpowiedzialny za sukces Andy'ego: Jones czy sam Andy? Dlaczego? Kto jest odpowiedzialny za twój sukces?
2. Czy któraś z ważnych osób w twoim życiu posługuje się innym niż ty „dialektem" miłości? Czy znalazłeś się kiedyś w sytuacji, w której znajomość teorii wyłożonej przez Jonesa mogłaby być pomocna?
3. W czym twoje obecne spojrzenie na życie różni się od perspektywy, o której mówi Jones? Czy możesz podać przykład zdarzenia, w którym zabrakło ci „odpowiedniej perspektywy"?
4. W rozdziale II Jones stwierdza, że: „prawdziwy przyjaciel stara się ujawnić nasze najlepsze cechy". Czy osoby, z którymi obecnie spędzasz czas, ujawniają twoje najlepsze cechy? Przyjrzyj się swoim znajomościom i spróbuj ocenić, na ile cię one rozwijają i w jakim kierunku.

ROZDZIAŁ III

1. W rozdziale III Jones wymienia cztery języki, w jakich ludzie okazują sobie miłość: język słów aprobaty i pochwał, język przysług i gestów, język kontaktu fizycznego oraz język wspólnie spędzanego czasu. Którym dialektem posługujesz się ty? Czy myślisz, że jedna osoba może mówić dwoma narzeczami naraz, to znaczy okazywać miłość w jeden sposób, a odbierać ją w inny? Czy można nauczyć się nowego dialektu? Dlaczego tak lub dlaczego nie?

2. Jak myślisz, którego języka używa Jones? Uzasadnij swoją odpowiedź przykładami z książki.

3. Jones niezwykle trafnie porównuje osoby posługujące się różnymi językami miłości do czterech różnych gatunków zwierząt. Czy myślisz, że istnieje związek między tym, w jakim dialekcie mówimy, a tym, jakie zwierzątko domowe posiadamy?

ROZDZIAŁ IV

1. W rozdziale IV dowiadujemy się, że szczęście jawi się Walkerowi jako „ulotny stan ducha, ruchomy cel, którego nigdy nie mógł osiągnąć. Dręczyły go wspomnienia popełnionych błędów i osobistych porażek oraz widma mających dopiero nastąpić pomyłek i niepowodzeń zawodowych". W jaki sposób ludzie sabotują swoje marzenia o sukcesie? Czy zdarzyło ci się kiedyś, że nieumiejętność bycia szczęśliwym przeszkodziła ci w odniesieniu sukcesu?

2. Jak myślisz, dlaczego Walker postanowił tamtego wieczoru pomóc Jonesowi i czy mogło to mieć coś wspólnego z faktem, że sam wtedy potrzebował pomocy?

3. Jones mówi Walkerowi: „najwyższy czas [...] wziąć odpowiedzialność za swój los", po czym dodaje: „odczuwasz niepokój oraz lęk, ponieważ jesteś mądry" i wyjaśnia, na czym polega złe wykorzystanie wyobraźni. Czy zdarza ci się źle wykorzystywać swoją kreatywność i wyobraźnię? W jaki sposób można zatrzymać i zmienić niekorzystny sposób myślenia?

4. Gdyby Jones zapytał cię: „O czym myślisz przez, powiedzmy, pierwszych dziesięć minut zaraz po przebudzeniu?", co byś odpowiedział? Sporządź listę z imionami osób i nazwami rzeczy, za które jesteś w życiu wdzięczny. W jaki sposób stworzenie takiej listy wpływa na sposób patrzenia na życie?

5. Czy Andy celowo nadał bohaterowi IV rozdziału symboliczne imię i nazwisko „Walker Miles"? Dlaczego jest ono symboliczne?

ROZDZIAŁ V

1. W jakich obszarach życia mądrość może pomóc w podejmowaniu decyzji? W jaki sposób można ją zdobyć?

2. Dlaczego Jones uważa, że odpowiedni dobór przyjaciół stanowi jeden z podstawowych warunków umożliwiających zdobycie mądrości?

3. W rozdziale V Jones mówi o liściach-wskazówkach: „Można iść lasem przez cały dzień i ani razu nie spojrzeć w górę. Wystarczy jednak zatrzymać się na chwilę i zerwać jeden liść, by

dowiedzieć się wielu ciekawych rzeczy o drzewie, pod którym stoimy". W jakich obszarach życia teoria ta może mieć zastosowanie?

ROZDZIAŁ VI

1. To, w jaki sposób spostrzegamy siebie i swoją rolę w świecie, wpływa na naszą zdolność do odniesienia sukcesu. Czy fakt, iż „każde nasze działanie ma daleko idące skutki", może zmienić sposób, w jaki postrzegamy siebie?

2. W rozdziale VI Jones przekonuje Willow: „Skoro żyjemy, to wciąż jesteśmy fizycznie obecni na tym świecie. Skoro wciąż tu jesteśmy, to najwyraźniej nie dokonaliśmy jeszcze tego, czego mieliśmy dokonać". Dlaczego Jones nazywa swój wywód „dowodem nadziei"?

3. W rozdziale tym Jones twierdzi także, iż: „każdy z nas albo właśnie przechodzi kryzys, albo z niego wychodzi, albo zmierza w jego kierunku. Kryzys? To zaledwie jeden z wielu czynników składających się na ludzkie życie". W jaki sposób możesz wykorzystać jego myśl?

ROZDZIAŁ VII

1. Dlaczego Jones twierdzi, że „»drobiazgi« składają się na to, co jest faktycznie wielkie"? Zastanów się, czy twoje obecne „szersze spojrzenie" nie przysparza tobie i innym „sporo krzywdy i nieszczęścia". Co powinieneś zrobić, by skoncentrować się na „drobiazgach"?

2. Jones wyjaśnia Henry'emu, jak przebiega proces zmiany. „Większość ludzi uważa, że na zmianę potrzeba dużo czasu. To nieprawda. Zmiana następuje w jednym momencie, w mgnieniu oka! Podjęcie decyzji o gotowości do niej może trochę potrwać... Ale sama zmiana trwa ułamek sekundy!" – przekonuje. Jak wyobrażałeś sobie proces przemiany przed przeczytaniem tego fragmentu? Czy po lekturze słów Jonesa twoje wyobrażenie uległo modyfikacji?

3. Definicja mówi, że intencja to „motyw lub cel działania; to, co ktoś zamierza zrobić". Co Jones mówi o intencjach i działaniu? Dlaczego nasze zamiary są tak mocno związane z działaniami?

ROZDZIAŁ VIII

1. W rozdziale VIII Jones wyjaśnia różnicę między świadomym wyborem a pomyłką oraz tłumaczy, w jaki sposób są one związane z aktem wybaczenia. Czy zdarzyło ci się dokonywać wyborów, które wyrządziły komuś krzywdę? Co mógłbyś zrobić, żeby otrzymać wybaczenie od skrzywdzonych osób?

2. Dlaczego tak ważne jest, by Henry zmienił się, zanim przyjdzie na świat jego syn Kaleb? Czy myślisz, że sukces Kaleba w późniejszym życiu będzie zależał od tego, w jaki sposób wychowają go rodzice? W jaki sposób Henry może usunąć „pokoleniowe przekleństwo"?

3. Jaka jest historia twojego imienia? Czy twoi rodzice pomagali ci „pójść w ślady wielkich imienników"? Jak sądzisz, co nimi kierowało?

ROZDZIAŁ IX

1. Kiedy Andy siedział z Jonesem w chińskiej restauracji, zauważył pewną rzecz: „gdy w myślach nazwałem go Garcia, na jego twarzy uwydatniły się rysy latynoskie, kiedy zaś wymówiłem w duchu imię Chen, mógłbym przysiąc, że siedzi przede mną człowiek o azjatyckich korzeniach". Jak myślisz, dlaczego wygląd Jonesa oraz jego tożsamość etniczna nie zostały przez autora sprecyzowane? Czy słowa staruszka miałyby taką samą moc, gdyby jego fizyczność i pochodzenie zostały jasno określone?

2. Dlaczego Jones, zanim zniknął, przyprowadził Andy'ego pod molo w parku stanowym Gulf? Czy sądzisz, że staruszek celowo skonfrontował Andy'ego z sytuacją z jego przeszłości?

3. Pierwsze słowa, jakie Jones skierował do Andy'ego oraz Jasona brzmiały: „Chodź tu bliżej, do światła". Dlaczego są one ważne? Co dla ciebie oznaczają?

ROZDZIAŁ X

1. Jones kończy swój pożegnalny list słowami: „Najlepsze dopiero przed nami". Jak rozumiesz te słowa? Czy czujesz się odpowiedzialny za stworzenie przyszłym pokoleniom odpowiednich warunków do rozwoju?

2. Jones pisze także: „macie obowiązek zasiać własne ziarno w sercach i umysłach ludzi, z którymi się stykacie. Jeśli czujecie, że macie wobec mnie dług wdzięczności, możecie go spłacić,

dobrze żyjąc i pracując". W jaki sposób zaczniesz siać własne ziarno? Jaki będzie twój pierwszy krok?

3. Wysłużona brązowa walizka Jonesa była ważnym i często wspominanym przedmiotem. Czy staruszek celowo otaczał ją aurą tajemnicy, by na koniec zebrać wszystkich mieszkańców miasteczka razem i w ten sposób wzmocnić ostatnie przesłanie?

PYTANIA DO OSOBISTYCH ROZWAŻAŃ

1. Czy przypominasz sobie wydarzenie lub sytuację, w której „drobiazgi" miały wpływ na rezultat końcowy? Pamiętaj: „»drobiazgi« składają się na to, co jest faktycznie wielkie w naszym życiu".

2. Czym jest da ciebie życiowy sukces? Czy są w twoim życiu osoby, które zaniedbujesz? Co możesz zrobić, by im pokazać, że wciąż są dla ciebie ważne?

3. W rozdziale V Jones mówi: „większość z nas ma do dyspozycji wspaniały tester, który pomaga określić, czy dany młody mężczyzna lub ta właśnie młoda kobieta są odpowiednimi dla nas kandydatami na partnerów życiowych". Naszych przyjaciół. Czy spytałeś lub spytasz swoich przyjaciół o to, co sądzą na temat twojego partnera lub twojej partnerki? Dlaczego tak lub dlaczego nie? Dlaczego powinniśmy być uważni na to, co mówią o naszych partnerach przyjaciele?

4. Czy w twoim życiu istnieje ktoś taki jak Jones? Czy ty jesteś „Jonesem" dla kogoś? Co możesz zmienić, by stać się podobnym do staruszka?

5. W jaki sposób podzielisz się tym, czego się dowiedziałeś, z innymi? Czy uważasz, że wskazówki zawarte w książce są na tyle ważne, że każdy człowiek powinien usłyszeć je chociaż raz w życiu? W jaki sposób zrozumienie idei „odpowiedniej perspektywy" wpłynie na twoje życie?

Wydawnictwo Otwarte sp. z o.o.,
ul. Kościuszki 37, 30-105 Kraków. Wydanie I, 2010.
Druk: Zakład Poligraficzno-Wydawniczy POZKAL, ul. Cegielna 10–12, Inowrocław.